예수전

예수님의 삶을 그리는 나의 노래

예수전

민호기

규장

우주를 가로질러 이 작은 행성 지구에 도착하신 하나님. 사람이 되신 그 하나님의 고단한 발자국을 따라가며 애절하게 노래하는 음유시인이 여기 있습니다. 흙냄새, 땀방울, 새소리, 하늘, 구름, 들풀을 몸으로 살아내셨던 그분이 되어 일인칭으로 말하고 노래합니다. 민호기는 작은 예수가 되어 자신의 슬픈 운명을 노래합니다. 그리고 그 길 끝은 '영원'에 잇대어 있다고 증언합니다. 거리의 언어로 쓴 구도자 민호기의 예수전. 한번 곱씹어 읽고 귀담아 들어보세요. 울림과 어울림이 신비로운 조화를 이루고 있습니다.

류호준 목사_ 백석대학교 신학대학원 교수

서기 70년 어간, 갈릴리의 촌부들 사이에 떠돌던 예수 이야기들이 누군가에 의해 채록되어 새로운 장르의 예수 문헌이 탄생했다. 장르는 구전문학이고 형식은 예수전이다. 이 문헌이 만들어지지 않았다면 오늘 우리는 예수님을 사상으로 혹은 개념으로는 알겠지만 예수전 형식의 이야기로는 알지 못했을 것이다. 그런 점에서 복음서로 알려진 예수전, 특히 구전문학인 '마가복음'이라는 이야기집은 너무나 소중하다. 그런데 잃어버린 것도 있다. 아마 우리 민족의 판소리처럼, 구술로 전승될 때 함께 있었을 법한 음악적 요소나 동작(몸)의 요소가 사라졌다. 민호기 교수는 10년 전부터 새로운 예수전을 기획했다. 글에 음악과 동작이 곁들여진 종합언어로서의 예수전이다. 그의 이 거대한 기획물을 통해서 우리는 아마 문헌이 된 예수전을 계승하면서도 유실된 부분들을 다시 상상할 수 있는, 종합적인 이해의 기회를 얻게 될 것이다.

김진호 목사_ 제3시대 그리스도교연구소 연구실장

이번에 세상에 내어놓는 민호기의 새 작품은, 자신이 지으신 피조세계 속으로 들어와 사셨던 창조주의 일상을 감동적으로 그려내고 있습니다. 그간 저자의 작업의 집약을 보여준다고 해도 과언이 아닌 이 아름다운 시편들을 통해 그리스도 예수의 삶에 더 가까워지기를… 구세주의 아름다우심을 응시하기를…. 구원의 감격이 되살아나 우리의 일상에도 차오르길 기도하는 마음입니다.

하덕규 아티스트_ 백석예술대학교 실용음악과 교수

영성의 알짬은 '겸비' 또는 '아우름'에 있다. 지상과 천상, 교회와 세상, 육체와 영혼, 인간성과 신성을 아우르는 일, 그 양자의 긴장을 창조적으로 승화시킴에 기독교의 생명력이 있다고 믿는다. 공교롭게도 지성과 감성,

글과 노래, 목사와 예술가를 겸비한 우리 시대의 길벗 민호기가 예수전을 쓰고 부름은 하늘의 섭리가 아닐까? 평소 나는 예수의 하나님 됨과 인간 됨 사이에 우리의 고향이 있다고 말해왔다. 우리를 그 고향으로 데려가는 민호기의 따뜻한 손을 잡아도 좋으리라.

박총 신비와저항 수도원 원장

20년 전쯤 내 나이 서른을 바라보며 이천 년 전 청년 목수 예수께서 공생애를 시작하시던 심정을 일인칭의 노래로 그려본 적이 있었다. 무너진 집, 낡은 식탁, 녹슨 못들, 갇힌 새, 묶인 손, 우는 여인들… 그런 이미지들이었다. 아, 그런데 이제 그분의 생애 전체를 그 시선에서 헤아려본 노래들을 만났다. 적잖은 감동이다. 이 노래들을 듣는 우리는 주가 내 안에, 내가 주 안에 거하는 연합의 신비를 경험한다. 목사이자 뮤지션인 민호기의 새로운 시도는 음악이 철학 안에, 철학이 음악 안에 거하는 지점까지 나아간다. 그러면서도 만유의 주인 곁에 놓인 작은 사물들조차 놓치지 않고 주목한다. 우주를 다스리는 분께서 우리의 일상 안에 우리처럼 들어와 계심을 노래한다. 절체절명의 기도로 아버지의 뜻을 헤아리려 했던 예수의 씨름을 닮은 작업이라 여겨 이 땅의 믿음의 벗들에게 감히 추천한다.

황병구 한빛누리재단 본부장

다윗처럼 노래하고 글을 쓰는 민호기 목사가 이제는 예수의 자리에 서서 예수의 마음과 삶을 글과 노래로 풀어냈다. 글은 담백하고 깊이 우려낸 맛이고, 향기는 은은하다. 그의 가녀린 목소리로 조용히 읊조리는 예수의 삶은 애잔하면서도 따뜻하다. 이 노래와 글에 담긴 예수는 멀고 먼 2천 년 전, 팔레스타인에서만이 아닌 바로 내 곁에 있는 예수, 지금 여기서 내가 살아내야 할 예수이다. 이 책은 그 자리, 그 마음, 그 삶과 길로 초대한다. 아, 그 예수가 나는 참 좋다. 나에게 그 자리로 초청해준 저자가 참 고맙다.

김기현 목사_ 로고스서원 대표

우리 사역의 시작은 '예수와 십자가'이며, 수십 년 땀 흘리며 달려서 만나게 되는 사역의 결론 역시 '예수와 십자가'이다. 20여 년 사역해온 내 안에 있던 커다란 숙제 중에 하나가 예수님의 목소리와 마음을 담아내는 것인데, 민호기 목사가 그 짐을 한결 덜어준 듯해서 고맙고, 아직은 나의 몫을 조금은 남겨놓은 듯해서 또한 고맙다.

1988년, 대한민국의 명창 박동진 선생은 성경의 이야기를 거의 그대로 담아내어 약간의 각색을 한 창작 판소리 '예수전' 음반을 만들었는데, 같은 이름으로 만들어진 민호기 목사의 '예수전'은 박동진 선생의 것과는 결을 달리 하는 시선의 이야기와 음악을 담아내고 있다. "예수의 눈과 귀로 보고 듣다. 예수의 입과 심장이 되어 말하고 숨쉬다." 그의 표현대로 예수님 자신의 시선으로 만나는 세상을 회화적으로 그려내어 음악에 담고 있다. '광야', '들풀', '소년', '소녀', '호수', '아침' 등의 제목만 보아도 예수님이 거니셨던 길을 그려보게 된다. 그래서 이 음악은 음악으로 듣기보다 마치 그림을 대하듯이 회화적 상상력을 가지고 듣기를 권한다. 자! 이제 지그시 눈을 감고 유대 땅으로 떠나보자.

김명식 찬양사역자

제가 아는 민호기 교수는 음악과 신학이 만나는 지점을 잘 이해하고 있는 사람입니다. 자칫하면 어려울 수 있는 신학적인 이야기를 음악적인 언어로 쉽게 풀어내는 능력은, 평생을 학자로 살아온 저로서도 부러운 대목입니다. 예수 그리스도가 이 땅에 사람의 옷을 입고 오신 것처럼 그분의 이야기가 글과 노래와 그림의 옷을 입었습니다. 정성들여 지은 이 옷이 많은 이들에게 전해져 기쁨이 되기를 바랍니다.

최대해 대신대학교 총장

유진 피터슨은 그의 자서전에서 "예술가는 보이는 것과 보이지 않는 것을 연결시키고, 부분밖에 보지 못하는 것을 완전히 다 보여주는 능력을 가진 자"라고 했다. 교회 엔터테인의 하위 장르가 되어버린 찬양 사역계에 이제야 예술가적 역할을 하는 사역자의 결과물이 나왔다. 종교적 편견과 안일한 성경 읽기의 구태의연함을 깨치고, 예수의 눈과 귀로 읽어내는 예수 이야기와 눈으로 듣는 듯한 회화적 음악이 우리에게 '예수살이'의 믿음이 무엇인지 오감으로 느끼게 한다. 예수는 스스로를 길이요 진리요 생명이라 했다. 길이니 걸어야 하고, 진리이니 따라야 하고, 생명이니 살아야 한다는 말일 테다. 그래서 '예수를 믿음'은 '예수를 살음'이다. 그의 눈으로 보고 그의 귀로 듣고 그의 입으로 말하는 삶이 신앙의 고갱이다. 곁에서 존경하는 선배로 오래 지켜 보아온 민호기 목사는 언제나 예술가의 시각으로 그 핵심을 재현하려 고민했고 이것이 그 결과물이다. 찬양사역자이면서도 급진적 예수살이를 고민하던 그의 예수살이가 고스란히 담겼다. 그렇다! 예술이란 이렇게 성경의 예수를 오늘의 상황에 입체적으로 살려내어 범인들을 채근하는 것이다. 당신도 예수를 살라고! 듣고 읽으라! 듣고 들으라!! 그리고 당신도 예수를 살라!!

최성훈 목사_ 성서대구 사무국장

CONTENTS

예수전

Closing 아직

며칠째 날이 궂고 때때로 비는 가다 서다 한다.
저녁에 내리는 빗소리는 따뜻하다.

뜨거운 여름을 지나 가을로 접어드는 문턱에서 이 글을 시작
한다. 계절을 관통해 내년 이맘때쯤 완성되어 있다면 더할 나
위 없겠으나, 실은 평생을 기울일 각오라 해야 옳다. 어떤 유
혹에도 흔들리지 않는다는 불혹不惑의 나이가 되면 꼭 하고 싶
었던 일. 이 글은 나의 오랜 열망이자 생애 단 하나의 목표다.

이 이야기는 나의 주인 '예수 그리스도'에 관한 것이다.
내가 가장 알고 싶고 닮고 싶고 전하고 싶은 이.

그는 나의 단 하나의 사랑이시다.

예수님의 이야기. 예수전.
傳 : 한 인물의 일생을 시간의 순서에 따라 서술하는
서사 양식을 따르는 동시에
'예수 전지적 1인칭 시점'으로 쓰는, 말하자면

예수의 눈으로 보고
그의 귀로 듣고
그의 언어로 말하고
그의 뜻으로 헤아리고
그의 감정으로 느끼고
그의 생각으로 음미하고
그의 심장으로 숨쉬고
그의 손으로 만지고
그가 걸었던 길을 따라 걷고
그와 함께 십자가에 오르고
그와 함께 죽고
그와 함께 사는

예수전

그런 이야기를 쓰려 한다.

하… 탄식이 이야기를 막아선다.
모태 신자로 평생을 예수 믿고 따라왔다.

심지어 예수께서 이 땅에 사셨던 것보다 더 긴 인생을 살았고,
그분보다 더 오래 사역했고,
그분보다 더 먼 길을 오갔고,
그분보다 더 많은 사람들을 만났다.
그분은 벳새다에서 5천 명을 먹이셨지만
나는 페이스북으로 더 많은 사람들과 소통한다.

그런데 나는 진정 예수를 만난 것인가?
그를 아는가? 나는 정말 그를 사랑하고 있는가?
누구보다 그를 잘 알고 사랑한다 여기며 살아왔지만,
정작 그를 싫어하는 사람들보다
그분에 대한 탐구를 게을리한 건 아닌지.

'전지적 1인칭 시점'이라는 세상에 없는 말을 사용해서 당황해

할 이들도 계실지 모르겠다. '전지적'이라는 신성神性과 '1인칭'이라는 인성人性이 만나는 지점 어딘가를 포착해내고 싶은 막연함이 빚어낸 과욕이다. 그러나 예수 그리스도, 그분 자신은 세상에 없던 분이었다. 이전에도 없었고, 이후에도 없을 이를 그려내기 위해 이전에 없는 방법론을 택한 건 당연한 일이 아닌가. 이렇게 쓰고 보니 막연함이 아니라 뻔뻔함이다. 숫제.

노래를 만들고 글을 쓰는 이중 작업을 하다보니, 노래 가사는 '1인칭'에 가깝게, 책의 원고는 '전지적'에 근접하지 않았나 싶다. 그럼에도 작업이 진행될수록 그 경계는 흐려지고 불분명해져갔다. 비로소 깨닫게 된 건, 만물을 초월하신 이에게는 전지적도, 1인칭도, 과거도, 현재도, 미래도 큰 의미가 없다는 것.

어린 아들들에게 삼위일체를 설명하다가 약간의 현기증을 느꼈다. 여전히 어렵고 막막했다. 사춘기 시절 내 안에 일었던 고민과 궁금증으로부터 한 치도 더 나아가지 못한 것인가. 완전한 하나님이자 완전한 사람이신 그분을 읽어내려 하는 건, 그 자체로 가소로운 일이다.

예수전

한동안 스스로 예수님에 대해 제대로 이야기할 수 있을 만한 영성, 지성, 감성과 음악성이 갖춰지길 기다렸다. 그러나 그 날은 결코 오지 않으리란 깨달음과 함께 이제 시작한다. 그리하여 이 이야기는 신학적 해석, 학문적 분석, 역사적 고증보다는 개인적 감상에 겨운 서정적인 접근에 치우치지 않을까 싶다.

그러함에도 큰 염려를 떨치는 것은,
그분께서 나를 학자가 아닌 예술가로 지으셨으므로.
나는 아이처럼 내 마음대로 상상해보려 한다.

"기적은 하늘을 날거나 바다 위를 걷는 것이 아니라 땅에서 걸어다니는 것이다"라는 중국 속담을 떠올려본다. 예수 그리스도는 생애 단 한 번씩 하늘에 오르시고 바다도 걸으셨지만, 대부분은 땅에서 '걸어'다니셨다. 젊은 날 내가 쓴 노래 가사처럼, 비록 땅을 벗하며 살지라도 영혼은 하늘을 디디며 사셨다. '하늘 소망'에 앞서 '땅의 섭리'를 따르셨고, '기적'보다 '일상'을 얘기하는 순간이 더 많았다.

하늘보다 땅을 사랑한 유일한 하나님, 예수 그리스도.

'오컴의 면도날'처럼 불필요하게 날이 선 신학의 문장이 아닌,
비 오는 이른 아침 같은 눅눅하고 젖은 단어로,
비 개인 늦은 오후의 햇살처럼 뉘엿하고 따사로운 언어로
나의 주인을 묘사하고 싶었다.
내 삶이 목적이 예수를 묘사하는 것이므로.

'나'라는 좁고 굴절된 렌즈를 통해 본 예수 그리스도.
때문에 이 이야기는 거칠고 서툴지만
영화의 사운드트랙을 만들 듯
마음속에 그림을 그려가며 글을 쓰고 곡을 써 내려간다.
내 마음은 늘 황량한 유대 땅 어딘가를 떠돌았고,
사해의 언저리를 서성였다.
내 눈 앞에 그분을,
그가 걸었던 길을,
그가 만난 이들을
띄워 올렸다.

다음은 매트 레드맨Matt Redman의 명곡
〈The Heart of Worship〉의 후렴구 가사다.

예수전

I'm coming back to the heart of worship

And it's all about You

It's all about You, Jesus

나는 이제 예배의 중심으로 돌아갑니다.

이것은 모두 당신,

바로 예수 그리스도, 당신에 관한 것입니다.

예배의 중심은 예수 그리스도.

예배란 예수께 집중하는 것이다.

나는 이제 예수께 고도로 집중하려 한다. 그리함으로 이 이야
기가 예수께로 되돌아가기를 원한다. 예수 그리스도의 생애
를, 그의 삶과 죽음과 다시 삶을 뜨겁게 노래한다.

감사感謝, 하늘의 언어

대만의 영화감독 차이밍량蔡明亮은

"영화란 무엇인가?" 하는 질문에 이렇게 답했다.

"당신은 왜 하늘이 있는데 영화를 보십니까?
당신은 왜 바람이 있는데 음악을 듣습니까?"

"성경이 있는데 왜 예수에 대한 책을 쓰는가?"에 답이 될 수 있을는지.

내 목표는 늘 두 가지뿐이다. 하나는 지금 하는 일을 오래 하는 것. 둘, 지금보다 좀 더 잘 하는 것이다. 《예수전》을 만드는 일은 이 두 가지 목표를 이루기 위해 용기 내어 내딛는 한 걸음이다.

예수 그리스도에 대한 글을 쓰고 노래를 만들던 지난 시간들은 마치 영화를 만드는 것처럼 그 어느 때보다 상상력에 대한 의존도가 높았다. 현실주의자였던 볼테르Voltaire는 창의력이란 '사려 깊은 모방'이라 폄하했지만, 나는 그분과 그분의 삶, 그분의 언어, 그분의 감정, 그분의 걸음걸이, 그분의 생각, 그분의 의지를 사려 깊게 모방하고 싶었다. 영화가 화면에 빛과 소리로 감독의 세계를 투영해내듯, 나의 글과 노래로 이 땅 위에 그분의 세계를 펼쳐 보이고 싶었던, 조금은 과한 욕심이었달까.

예수전

나에게 가장 의미 있는 예수님에 대한 10개의 이야기를 골랐다. 물론 이것이 그분의 생애 전체를 대표하는 것도 아니고, 신학적으로 가장 의미 있는 것도 아니다. 각각의 에피소드는 독립성이나 연관성도, 유기적 통일성도 어쩐지 허약해 보인다. 다만, 모태 신자로 자라오며 수많은 예배와 설교, 찬양과 기도, 성경공부와 성극 속에 스냅 사진처럼 남아 있는 장면들 위로 예수님의 여러 얼굴을 겹쳐 떠올려 보았다.

소설가는 스토리라는 커튼 뒤에 자신을 숨길 수 있지만, 에세이스트는 습자지나 월남쌈 같아서 자신이 비치기 마련이기에 현실과 허구의 지점 어딘가, 진실과 이상 사이 어딘가에 자기 자신을 설정하고 이야기를 늘어놓을 필요가 있다. 나는 나의 지점을 쉬이 찾지 못해 조바심을 낸다.

허구를 다루는 이에게 관대하고 진실을 다루는 이에게 엄격한 독자들을 의식해서가 아니다. 영원불변한 성경의 진리와 작가적 상상력이 만나는 지점을, 성경에 대한 학습의 산물이 아닌 내 앞에 계신 하나님을 보고 듣고 만진 진정성 있는 간증이 포착되는 순간을, 나는 놓치지 않아야 한다.

좋은 글과 노래란 모름지기
삶의 가장자리부터 그 뜨거운 중심까지
관통해내는 것이어야 한다고 늘 외쳐왔건만
겨냥은 자꾸만 빗나갔다.

준비 기간 10년, 작곡 및 녹음 3년, 집필 2년.
나는 이 작품을 만들기 위해
이 땅에 보냄을 받았다고 매번 자신을 곧추세웠다.

아무것도 없었고, 아무것도 이루지 못했던 20대에 마음에 새
긴 장 그르니에Jean Grenier의 말처럼, 사람은 하고 싶은 일을 할
때보다 해야 할 일을 하고 싶어 할 때 더 행복하다. 그래서 그
때의 난 행복했다. 시간이 흘러 어느 정도 어린 시절의 꿈을
이루고 뭔가 새로운 도전을 하기엔 여건도 용기도 부족한 지
금의 내게, 이 작업은 꿈으로 가는 새롭고 산 길을 열어주었
다. 아무것 없이도 그저 꿈꿀 수 있어서 행복했던 그 시절처럼
나는 다시 행복해졌다.

반면, 베르톨트 브레히트Bertolt Brecht의 시 〈살아남은 자의 슬

예수전

픔)은 가시가 되어 자꾸 나를 찔러댄다.

물론 나는 알고 있다. 오직 운이 좋았던 덕택에
나는 그 많은 친구들보다 오래 살아남았다.
그러나 지난 밤 꿈속에서
이 친구들이 나에 대하여 이야기하는 소리가 들려왔다.
"강한 자는 살아남는다."
그러자 나는 자신이 미워졌다.

어찌어찌 그저 살아남은 덕에 나는 이 글을 쓰고 있다. 실은
이 책을 쓰는 지난 3년 내내, 내 삶이 뭔가 사역자의 본질로부
터 멀어지고 있다는 자괴감에 시달려 "나 요즘 쓰레기가 된 것
같아"라는 말을 입에 달고 살던 어느 날, 후배가 시큰둥하게
되받아쳤다. "형은 쓰레기는 아니고, 재활용이죠." 그 순간엔
깔깔 웃고 말았는데, 돌아오는 내내 그 말은 주님의 음성으
로 내 안에 분명해져 오기 시작했다.

그래, 나는 쓰레기가 맞다.
부패하고 냄새나고 쓸모없는 존재다.

구겨져 버림받아 마땅하다.
그런 나를 위해 예수 그리스도가 이 땅에 오시고
죽으시고 부활하셔서 나를 구원하셨다.

◆

나를 기가 막힐 웅덩이와 수렁에서 끌어 올리시고 내 발을
반석 위에 두사 내 걸음을 견고케 하셨도다 새 노래 곧 우리
하나님께 올릴 찬송을 내 입에 두셨으니 많은 사람이 보고
두려워하여 여호와를 의지하리로다 _시편 40:2,3

쓰레기 같은 나를 '재활용'하사
내 입에 새 노래를 두시고
많은 이들이 하나님을 의지하게 하셨다.
아마 나는 끊임없이 낡고 더러워지고 버려지고
또다시 재활용되는 과정을 반복하게 될 것이다.

평생에.

그러나 나의 주인 예수 그리스도는

예수전

끝끝내 나를 버리지 않으시고
나를 새롭게 하실 줄을 이제 내가 믿는다.

"영화란 무엇인가?"라는 질문으로 감사의 글을 시작했으므로
다시 영화에 빗대어 맺고자 한다.

영화 평론가 정성일은 말한다.
"나에게 영화란 그것을 보는 시간과 그것을 보러 가는 시간,
그리고 보고 난 다음의 시간, 세 개의 시간 사이에서 기억의
사용에 대한 용법과 능력의 문제이다."

나에게 삶이란 《예수전》을 쓰는 시간과
그것을 쓰기 위해 준비하던 시간,
그리고 다 쓰고 난 다음의 시간,
이 세 개의 시간 사이에서 돌이키고 생각하고 반추하고
기억하고 계획하고 전망하고
절망하고 묵상하고 견뎌내고 살아내는 것이다.

최고의 작가는 데뷔작과 최근작이 최고작이라는데,

나는 그저 부끄럽기만 하다.
다시 한번 다음을 기약하는 수밖에.

내 속에서 들끓는 이 뜨거운 감사의 마음을 다 전할 수 있는
하늘의 언어를 배울 수는 없을까. 내가 사랑하는, 또 나를
사랑해주는 이들이 있어 《예수전》이 완성될 수 있었다. 나는
내가 혼자 있는 걸 좋아하는 사람이라고 늘 생각해왔는데,
작업 과정을 통해 나는 사랑하는 이들과 함께 있는 것을 좋
아하는 사람이라는 걸 깨달았다.

사람을 더 많이 사랑해야겠다.
그리고 사람이 되신 하나님,
예수 그리스도를 이전보다 더욱 사랑해야겠다.
함께 계심과 다시 오심, '이미'와 '아직' 그 어디쯤에서
민호기는 쓰고 부른다.

역사의 광장에
들풀처럼, 별빛처럼 모여선 이들에게

예수전

1 별빛

예 수 님 의 삶 을 그 리 는 나 의 노 래

별.
빛.

눈 뜨니 하늘 가득 쏟아지는 별
나의 손가락으로 빚은 저 별은
하늘에서 볼 때보다
이 땅에서 볼 때
더 아름다운 걸
이리도 아름다운 걸

사람에게로 떠나온 가장 먼 여행

사랑, 그것은 가장 멀고 긴 여행

첫 번째 기적, 사람이 되는 것

가장 어려운 일, 사람이 되는 것

가장 큰 사랑, 사람이 되는 것

가장 빛나는 이, 사랑이 되는 것

선택

하나님과 예수님과 성령님은 이 중요한 순간을 앞두고 깊은
고민에 빠지셨음이 분명하다.

어떻게 인류를 구원할지,
예수님을 어떻게 이 땅에 내려 보내실지.
분명 계획을 세우셨을 터.
그리고 그분들은 가장 최악의 나쁜 상황을 선택한다.
하나님이 사람이 되는 것.
인간의 몸에 아기로 태어나는 것.
그것도 유대 땅 베들레헴 마구간에.
목수 일을 하는 것.
종이 되는 것.
십자가에 죽는 것.

어느 것 하나 전지전능한 신으로서 자연스럽지 않은 일이다.

예수전

◆

너희 안에 이 마음을 품으라 곧 그리스도 예수의 마음이니 그는 근본 하나님의 본체시나 하나님과 동등됨을 취할 것으로 여기지 아니하시고 오히려 자기를 비어 종의 형체를 가져 사람들과 같이 되었고 사람의 모양으로 나타나셨으매 자기를 낮추시고 죽기까지 복종하셨으니 곧 십자가에 죽으심이라 _빌립보서 2:5-8

태어나자마자 기다렸다는 듯 고난의 시작이자 연속이다. 헤롯이 아기들을 살해했고, 그의 조상들이 도망 나왔던 이집트로 도망하여 피해야 했다.

부자유한 육신 속에서 아기 예수님의 자유로운 의식은 어떤 생각을 하셨을까?

낯섦, 불편함, 공포, 자신으로 인해 학살된 아기들을 향한 애통함…. 물론 성경 어디에도 아기 예수의 마음을 읽을 수 있는 구절은 없다. 심지어 성경은 예수님의 탄생을 비중 있게 다루지 않는다. 사복음서가 빠짐없이 다루는 사건들이 있다.

요한에게 세례를 받으심, 오병이어, 예루살렘 입성, 성전 정결, 여인이 옥합을 깨뜨려 향유를 부음, 최후의 만찬, 겟세마네의 기도, 베드로의 부인, 십자가의 죽음, 그리고 부활.

그러나 예수님의 탄생은 마태와 누가만 전하고 있을 뿐. 물론 예수님은 어떻게 태어났느냐보다 어떻게 죽느냐가 더 중요해 보인다. 그리고 언제, 어떻게 오셨나 하는 것보다 누구를 위해, 왜 오셨나가 더 중요하다고 여겨진다. 그러나 분명한 것은, 그분은 겸손하고 가난하게 오셨다. 그리고 겸손하고 가난한 사람들이 그분을 맞았다.

하늘은 높고 땅은 낮다. 가장 높은 땅인 에베레스트는 8,844미터이고, 가장 낮은 땅인 태평양의 마리아나 해구는 10,924미터이다. 물은 낮은 곳으로 흐르고, 가장 낮은 땅이 그 큰 바다를 담아낸다.

예수전

세상의 모든 눈물, 아픔, 탄식과 한숨을
담아낼 수 있는 마음이 있다면 그것은 '겸손'이다.
겸손한 사람만이 하나님을 볼 수 있고,
다른 이들의 고통을 볼 수 있다.
그리스도의 성육신, 자신을 비운 케노시스,
우리 곁에 임하신 임마누엘은 겸손에 근거한다.

"기독교는 사랑의 종교라고 말하지만,
그 사랑은 겸손을 뿌리로 하여 피어난 꽃에 불과하다."
앤드류 머레이Andrew Murray의 말이다.

겸손이야말로 기독교 최고의, 최귀의 가치임을
예수의 탄생이 방증한다.

별을 따라온 사람들

동방박사의 이야기는 크리스마스 스토리 중 가장 신비롭고
아름다운 장면이다. 평생 별을 관찰하며 살다 특별한 별을

발견하고, 그 별을 따라 먼 길을 달려오고, 가장 빛나는 별을 만나 귀한 예물을 드린다.

헬라어 '마고이'Magoi는 여러 가지 이름을 가진다. 박사, 현자, 마술사, 점성가, 성직자, 왕, 과학자, 철학자, 구도자, 지혜자…. 심지어 다니엘도 이 이름으로 불리기도 했다(단 5:7,11). 이들의 정체가 무엇인지, 어디서 왔는지는 그리 궁금하지 않다. 아기 예수께 드린 예물, 황금과 유향과 몰약이 후에 어떻게 쓰여졌는지도 잘 모른다. 그들이 별을 따라왔다는 사실이 크리스마스 카드 속 그림처럼 아름다울 뿐.

내가 정작 궁금했던 건 박사들이 따라온 별을 보신 아기 예수님의 속마음이다. 인간으로 처음 태어나 좁고 눅눅한 구유에 누워 숭숭 뚫린 하늘을 보셨을 때, 그분의 기분은 어땠을까. 전능자의 눈을 감고 사람으로 눈 뜬 지금, 그분의 첫 눈에 들어온 건 어쩌면 별.

저 밤하늘의 반짝이는 별.
신성을 가둔 인간이라는 작은 존재,

예수전

그보다 더 작은 아기의 몸.

그러나 자신의 손으로 지은 저 별빛은

하늘에서보다 이 땅에서 볼 때 더 아름답다는 걸,

그래서 그토록 많은 사람들이

별을 올려다보며 감탄했구나, 깨달은 순간.

창조주의 시각보다 피조물의 시각이 문득 부러워진 순간.

♦

주의 손가락으로 만드신 주의 하늘과 주의 베풀어 두신 달
과 별들을 내가 보오니 사람이 무엇이관대 주께서 저를 생각
하시며 인자가 무엇이관대 주께서 저를 권고하시나이까

_시편 8:3,4

자신을 향해 부르던 다윗의 고백이 생생하게 실감나지 않으
셨을까. 사람이 되신 하나님의 첫 번째 감탄거리가 아니었을
까. 나도 가끔 내가 만든 노래가 라디오에서 흘러나오는 것
을 우연히 들을 때, 녹음실에서 들을 때보다 훨씬 좋다고 느
낄 때가 있다. 창작자의 입장과 청취자의 입장은 이리도 다르
다는 것을 많이 보고 듣게 된다.

창조주가 사람이 되신 이유가 바로 피조물의 눈으로 보고 피조물의 입장에서 느끼는 것이었기에, 사람이 되신 하나님의 첫 감상이 불편함이 아닌 '행복감'이셨을 거라 나는 감히 상상해본다. 천지 창조 후, 보시기에 심히 좋았더라고 하신 그날의 그 마음을, 그분은 초라한 구유에 누워 다시한 번 느끼셨을 것이다.

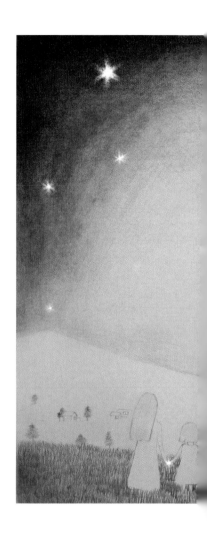

내려다보며 감상하는
　　　　창조주의 자리에서
우러러보며 감탄하는
　　　　피조물이 되신 하나님.

그렇다. 예수 그리스도의 첫 기적은 사람이 되는 것. 가나 혼인잔치에서 물로 포도주를 만

별.빛. 정경란 作

드신 것이 예수님의 첫 번째 공식 이적이라 배워왔지만, 아니다. 그분의 첫 기적은 사람이 되어 우리 곁에 오신 것이다. 하나님이신 그분이 가장 하기 어렵고, 가장 되기 어려운 일은 사람이 되는 것이다. 성육신成肉身의 신비는 바로 이 지점에서 별과 같이 빛난다.

기독교 교리의 핵심은 바로 성육신 신학에 있다. 하나님이 사람을 구원하기 위해 사람이 되셨다. 잠시 인간 세상을 순시하기 위해 가장하신 것이 아니라 진짜 사람이 되어, 나고 살고 죽으셨다. '하나님 없음이 가장 두드러진 곳에서 하나님이 함께하심'을 선언하셨다. 이것이 임마누엘이다.

◆

보라 처녀가 잉태하여 아들을 낳을 것이요 그 이름은 임마누엘이라 하리라 하셨으니 이를 번역한즉 하나님이 우리와 함께 계시다 함이라 _마태복음 1:23

누가복음 15장의 진짜 주제가 '돌아온 탕자'가 아니라 '기다리시는 아버지'인 것처럼, 마태복음, 누가복음 1,2장의 주제는 '동정녀 탄생'이 아니라 '사람의 아들이 되신 하나님 아버지'이다.

골수 유대교인으로 살아가던 로렌 위너Lauren Winner는 기독교를 'Radically Incarnational'(격하게 성육신적인)이라 표현하며, 자신이 기독교인이 된 것은 전적으로 '성육신' 덕분임을 이렇게 고백했다.

"하나님은 너무 크시고 완벽하셔서 우리가 결코 그분을 알 수 없다. 우리는 그분을 가질 수 없고 파악할 수 없다. 모세는 시내산에 올라가서 하나님 얼굴의 광채를 보았을 때 그것을 깨달았다. 하지만 하나님은 우리와 사귐을 갖기를 너무나 원하셔서 우리가 조금이라도 그분을 알 수 있도록 스스로 자신을 작고 초라하게 만드셨다.

사람으로 태어난 것이 그분이 작아진 첫 번째 사건은 아니다. 하나님은 시내산에서 율법을 계시하면서 이미 작아지신 적이 있다. 그분은 무한한 자신을 인간의 유한한 언어(히브리말) 안으로 축소시켜서 우리가 그분의 길을 갈 수 있게 계명을 주셨다. 이어서 그분은 사람 아기의 크기, 즉 구유의 유한성으로 줄어드셨다.

제인 야르몰린스키Jane Yarmolinsky는 이렇게 썼다.

사람의 형태를 취하신 하나님에 대한 모든 개념과, 그것에 관한 제의와 의식이 내게는 전혀 이해가 되지 않았다. 굉장했던 어느 날, 나는 그것이 너무나 단순하기 때문임을 깨달았다. 육체를 지닌 사람에게 사랑과 같은 중요한 것들은 육체적(혹은 물질적)인 것으로 구현되어야 한다. 그렇지 않으면 사람들은 억만 년이 지나도 사랑에 대해 알지 못할 것이다. 억만 년이 지나도 절대로."

주님은 모든 사람을 위해 이 땅에 오셨다.

남자와 여자,
동양인과 서양인,
백인과 흑인,
부자와 가난한 자,
건강한 자와 병든 자,
많이 배운 자와 못 배운 자,
높은 자와 낮은 자,
진보와 보수,
좌파와 우파,

예수전

사회주의자와 자본주의자,
선한 자와 악한 자를 위해 오셨다.
심지어 이슬람교도와 불교도,
이단과 우상 숭배자를 위해 오셨다.
LGBT를 위해 오셨다.
마더 테레사와 오사마 빈 라덴을 위해 오셨다.
그분은 본 회퍼 같은 성자를 위해 오셨지만,
아돌프 히틀러 같은 악당을 위해서도 오셨다.

주님은 모든 사람을 구하기 위해 이 땅에 오셨지만,
동시에 어떤 사람을 구하기 위해 이 땅에 오셨다.
나와 당신이 주님이 찾으시던 바로 그 어떤 사람이다.
이 온 천하 우주보다 귀한 바로 그 한 사람 말이다.

나는 별이 되기보다
별을 따라 사는 사람이고 싶다.
별처럼 빛나는 존재가 되어
저 높은 곳에 오르려 한 사단의 길을 버리는 대신,
고요히 별을 따라간 박사들의 길을 따르고자 한다.

◆

헤롯왕 때에 예수께서 유대 베들레헴에서 나시매 동방으로
부터 박사들이 예루살렘에 이르러 말하되 유대인의 왕으로
나신 이가 어디 계시뇨 우리가 동방에서 그의 별을 보고 그
에게 경배하러 왔노라 하니 _마태복음 2:1,2

박사들은 별을 보고 경배하러 왔다. '경배'는 헬라어로 '프로
스퀴네사이'이며, 신약성경에서 '예배'를 의미하는 가장 대표적
인 단어이다.

별을 따라 사는 사람은 예배하는 사람이다.

예수전

◆

지극히 높은 곳에서는 하나님께 영광이요 땅에서는 기뻐하
심을 입은 사람들 중에 평화로다 _누가복음 2:14

예배는 높은 곳을 향하는 동시에 낮은 곳을 향하는 것이다.
예배는 철저히 높고 높으신 하나님의 영광을 찬미하지만, 동
시에 낮고 낮은 이 땅 위의 평화를 구한다. 그리스도의 겸비는
이 높낮이를 하나로 만들었다. 높음과 낮음이 그리스도 안에
서 하나가 된다.

별을 따라 사는 이들은 결국에 알게 될 것이다.
예수 그리스도, 그분만이 가장 빛나는 별임을.

◆

나 예수는 교회들을 위하여 내 사자를 보내어 이것들을 너희
에게 증거하게 하였노라 나는 다윗의 뿌리요 자손이니 곧 광
명한 새벽별이라 하시더라 _요한계시록 22:16

별처럼 사는 이들은 결국에 알게 될 것이다.

자신 또한 주님처럼 빛나는 별이 되었음을.

◆

지혜 있는 자는 궁창의 빛과 같이 빛날 것이요 많은 사람을
옳은데로 돌아오게 한 자는 별과 같이 영원토록 비춰리라

_다니엘서 12:3

2 광야

예 수 님 의 삶 을 그 리 는 나 의 노 래

광
야

스산한 바람 불어 풀풀 먼지를 날리는
이 메마른 길
한 줌 신기루로 바스라지는
이 막막함은 어디로 향하는지

낮이면 타는 듯한 더위
밤이면 얼어붙는 추위
목마름보다 더 큰 갈급함 간절함

발의 먼지를 떨어내며
내 오랜 두려움도 떨쳐내려
죽기 위해 살아야 할 길의 시작에 서서
나 이제 길의 끝을 겨누네
두렴없이

문득 십자가

나무를 깎아 무언가를 만드는 예수님의 모습을 상상해본 적이 있는가. 말씀을 전하고, 기적을 행하고, 귀신을 내쫓고, 병자를 고치는 예수님이 아닌, 집을 짓고 가구를 고치는 가난한 목수 예수를 말이다.

솜씨 좋은 젊은 목수는 이리저리 나무를 다듬고, 탁자 모서리에서 한쪽 눈을 찡그려 각도를 재고, 톱질을 하고, 단단히 못을 박고(먼 훗날 누군가가 그의 손과 발에 그런 것처럼), 대패와 사포로 섬세하게 마무리를 한다. 친절한 음성으로 손님을 맞고, 작업실 구석에서 홀로 도시락을 먹고, 뉘엿거리는 해를 보며 동네 아이의 따뜻한 말동무가 된다.

그러다 문득…
그는 십자가를 생각했을 것이다.

두려움에 몸서리가 쳐지고 고개를 흔들어 애써 그 장면을 머릿속에서 지워내고 싶었을 것이다. 그는 늘 십자가의 죽음을 마음에 두고 살았을 것이다. 정신없이 일을 하다가도, 친구와 기분 좋은 대화를 나누다가도, 그는 불쑥 자신의 마지막을 떠올렸을 것이다.

살기 위해 사는 것이 아니라
죽기 위해 사는 삶이 어떤 것인지
당신은 상상이나 할 수 있는가.
모든 삶의 끝이 죽음을 향하는 건 당연하지만,
그는 애초에 '죽음'을 목표로 살아야 했다.

'평범한 인간이 되기를.'
갓 태어난 아기들에게 베푼다는 시인의 축원은 예수께는 해당되지 않는다. 그는 평범한 삶 한가운데서 특별한 길을 겨누어야만 했다. 그 역시 잠시나마 보통의 삶을 꿈꾸었을지 모른다. 순한 동네 처녀와 결혼하고, 자신을 닮은 아이들을 낳고, 언덕 위에 아담한 집을 짓고, 부모의 임종을 지키며 그렇게 늙어가고 싶은 꿈 말이다.

복음서에 갖는 나의 불만은 공생애 이전의 예수에 대해 무관심하다는 점이다. 나는 하나님의 아들이자 위대한 사역자인 예수님만큼이나, 목수의 아들이자 평범한 목수였던 그분이 궁금하다. 아버지 요셉에게는 어떤 아들이었는지, 어떤 음식을 좋아하는지, 그분께도 첫사랑의 소녀가 있었는지….

그러나 성경은 이에 대해 철저히 무관심하며 침묵한다. 마치 이건 알 필요 없다고 단호하게 선을 긋는 듯 서늘하게 느껴질 지경이다. 물론 공생애 이전의 그가 어떤 사람이었는지가 우리 인류에게 그리 중요한 문제가 아닐 수 있다.

그러나 인간 예수가 있기에 하나님이신 예수 그리스도가 있다.

내게 광야의 예수가 중요한 이유는
땅과 하늘,
인간과 하나님,
죽음과 삶,
목수와 메시아,
그 사이 어딘가를 향하는
고뇌에 찬 한 남자의 뒷모습이 보이기 때문이다.

예수전

예수님이 가장 많이 받은 질문 중에 하나는
"너는 누구냐?" 하는 것이다.
예수님이 가장 궁금해하신 것 역시 같은 질문이다.
나는 누구인가?
제자들에게도 가끔 물으셨다.
사람들이 나를 누구라 하더냐?
너희는 나를 누구라 하느냐?
그 답을 찾으러 청년 예수는 광야로 갔다.

내몰린

광야.
낮이면 사막처럼 끓어오르고,
밤이면 겨울 유배지처럼 식어버리는 곳.
평범한 일상의 삶으로부터 한발 비껴난 황량한 곳.
스산한 바람이 불어와 풀풀 먼지로
일상의 안락함을 날려버리는 메마른 곳.

세상의 시공간을 떠나온 그에게 광야는 그 중간 어딘가쯤의
기착지다. 내면의 욕망과 외부의 유혹이 정면으로 부딪히는
곳이다. 예수님의 길은 그곳에서부터 시작되었다.

◆

성령이 곧 예수를 광야로 몰아내신지라 _마가복음 1:12

내몰리다.
나는 이 단어를 입안에서 되뇌어본다.

예수전

내몰린 예수.

자신의 삶의 터전으로부터,

늘 함께하던 가족과 이웃들로부터,

소박한 꿈과 안락함으로부터 유리하여

스스로를 고통스러운 죽음으로 내몰았다.

비록 그것이 영원한 생명을 향한 고귀한 사명일지언정,

그는 지독한 외로움으로 내몰린다.

그것도 가장 사랑하는 이로부터.

'광야'를 의미하는 원문은 '호 에레모스', '에레모스토포스'다. 우리말로는 명사로 번역되었으나 원문에서는 형용사를 사용했다. 우리에게 광야는 어쩌면 '장소'가 아니라 '상태'다. 이 험한 세상 가운데로 내몰린 상태인 우리는 모두 광야에 서 있다. 40일간의 금식은 40년간 광야에서 유리한 조상들의 삶을 압축한다.

광야는,

자신을 비워내는 곳이다.

자기를 버리는 과정이다.

광야 최진실 作

예수전

흔들리는 의지를 곧추 세우는 시간이다.

두려움을 떨쳐내는 몸부림이다.

욕망의 찌꺼기들을 씻어내는 정화이다.

목마름보다 더 큰 갈급함으로,

허기짐보다 더 큰 간절함으로

하나님의 뜻을 구한다.

죽음을 이기기 위해, 죽어도 살기 위해

그는 더 깊은 곳으로 잦아든다.

또 다른 목소리

예수께서 광야에서 사단에게 시험을 받으시는 장면
은 공관복음이 모두 다룰 만큼(마가복음이 조금 소
홀하긴 하지만) 비중이 있다. 요한에게 세례를 받
고, 하늘 아버지로부터 "내 사랑하는 아들이요 기
뻐하는 자"라는 음성을 들은 후라, 굳이 광야로 향
하는 그의 걸음이 쉽게 납득이 가진 않는다. 곧장

사역 현장으로 달려나가야 하는 게 옳지 않았을까.

그러나 그분은 묵묵히 광야로 침잠해 들어가신다. 그는 요한의 세례를 통해 자신을 죄인들과 동일시했기에, 사단의 시험에도 자신을 노출시킨다. 수세水洗로 아버지 하나님의 사랑과 달콤한 부르심을 극적으로 확인한 다음, 그는 자신에게 속삭이는 또 다른 목소리에 직면해야 했다.

그 목소리의 은밀한 제안은 그의 길과 소명 전체를 교묘하게 왜곡하고 있었다. 사람의 아들이 되라는, 하나님의 아들이 되라는, 이 세상과 사람들을 섬기는 존재가 되라는 그 위대한 소명을 말이다. 그는 바로 지금 이 순간에 그 목소리에 맞서고 반드시 이겨내야 했다. 그렇지 않으면 그 목소리는 사역 내내 그의 귓가를 어지럽히고 걸려 넘어지게 하는 올무가 될 것이 분명했다.

실제로 광야에서 사단의 목소리로 들려진 "네가 만일 하나님의 아들이어든 뛰어내리라"는 음성은, 십자가 위에서 "네가 만일 하나님의 아들이어든 자기를 구원하고 십자가에서 내려오

라"는 조롱으로 변조되어 다시 들려진다. 이는 결코 우연이
아니다.

톰 라이트Nicholas Thomas Wright의 말처럼, 예수께서 유혹자의 길
을 거부하셨다는 것은 십자가의 길을 받아들이셨다는 뜻이
다. 우리 또한 사소한 죄의 유혹뿐 아니라 하나님의 부르심
과 보내심의 길에서 벗어나게 하는 모든 어둠의 궤계에 맞서
게 한다.

◆

우리에게 있는 대제사장은 우리 연약함을 체휼하지 아니하
는 자가 아니요 모든 일에 우리와 한결같이 시험을 받은 자
로되 죄는 없으시니라 _히브리서 4:15

히브리서에서 말하는 시험은 사실 유혹Temptation의 개념에 가
깝다. 그러나 광야에서 사단과의 대적은 유혹보다 시험Test
이 적절하다는 도널드 거스리Donald Guthrie의 의견에 동의한다.
예수님은 스스로 어떤 테스트를 통과해내고 계신 것이
다. 위대한 사역을 앞두고 어떤 중요한 과정을 지독히

도 고독하게 지나고 계신 것이다.

첫 앨범을 내고 아무도 알아주지 않던 신혼 시절, 한 달에 채 30만 원도 벌지 못하던, 그래서 100만 원만 벌 수 있으면 소원이 없을 것 같던 나는 "200만 원을 벌게 되면 100만 원은 하나님과 이웃을 위해 바치고, 100만 원으로 살겠습니다"라고 기도했었다. 그러다가 〈하늘 소망〉이 수록된 두 번째 앨범이 메가 히트를 하며, 하루아침에 내가 꿈처럼 생각하던 금액의 몇 배의 돈을 벌게 되었다.

그때 내 마음속에 한 낯선 음성들이 들려왔다.

'너도 이제 제법 유명한 사람이 되었는데, 자꾸 시동이 꺼지는 똥차를 버리고 새 차부터 사는 게 어때?'

'10평짜리 원룸이 너무 좁지 않아? 좀 더 넓은 집을 알아보렴.'

'사례는 주시는 대로 받는다는 건 너무 나이브한 것 같아. 최소 이 정도는 요구해야 하지 않겠어?'

예수전

나는 실로 많은 음성을 들었고, 부끄럽게도 그 음성에 예수님처럼 대답했는지 확신할 수 없다. 사단의 시험은 이처럼 치밀하고 적나라하여 현실을 가장 뼈아프게 파고든다. 하비 콕스Harvey Cox를 인용하자면, 예수의 시험 이야기는 지도자뿐만 아니라 누구든지 결정을 내릴 때 어떤 자세를 취해야 하는지 검토해볼 수 있는 유용한 좌표를 제공한다.

나는 '좌표'라는 표현에 집중한다. 우리는 누구나 종횡으로 복잡하게 얽힌 상황과 관계와 내면의 심리와 갈등과 선택 그 어딘가에 자신의 좌표를 둔다. 예수 그리스도의 좌표는 언제나 '하나님'과 그분의 '말씀'이었다.

돌들로 떡덩이가 되게 하라.

성전 꼭대기에서 뛰어내려라.

내게 엎드려 경배하면 천하만국과 그 영광을 주리라.

사단의 시험은 집요하다. 그러나 나의 주인은 각각의 유혹에

매번 '하나님'으로만 그의 대답을 삼는다. 그분은 사단을 대적하는 무기로 기적 대신 '말씀'을 선택하셨다.

기록되었으되
사람이 떡으로만
살 것이 아니요
하나님의 입으로 나오는
모든 말씀으로
살 것이라 하였느니라.

또 기록되었으되 주 너의 하나님을 시험치 말라 하였느니라.

사단아 물러가라
기록되었으되 주 너의 하나님께 경배하고
다만 그를 섬기라 하였느니라.

다시 한 번 당신의 좌표를 확인하라.

예수전

예수 그리스도처럼 우리는 '하나님'과 '말씀'을
좌표의 중심에 두고 그 위에 서 있는가.

제3시대 그리스도교 연구소의 김진호 목사는 그의 책《예수의
독설》에서 이렇게 말한다.
"광야에서 예수를 시험한 악마의 유혹의 요체는 바로 이런 것
이었다. 영웅적인 능력을, 남보다 탁월한 권위를 통해서 무엇
을 이룰 수 있다는 믿음, 더 빠르게, 더 손쉽게 세상을, 세상의
논리를 이겨보겠다는 욕망, 장애물 없는 대로를 달리는 왕의
마차에 올라타려는 욕망, 이것이 바로 악마가 예수에게 던진
유혹의 미끼였던 것이다.
예수의 실천은 바로 이러한 유혹을 넘음으로써 시작된다. 예
수를 따르는 우리의 신앙과 삶은 바로 이런 문명의 유혹에 순
순히 동조하지 않으려는 저항의 몸짓에서 출발하는 것이다."

사단이 생각한 영광과
예수님이 생각한 영광이 다르다.
사단이 다스리기 원하는 나라와
예수께서 다스리기 원하는 나라는 다르다.

개인적으로 사단의 마지막 시험에 답하시는 이 장면은 '하나님나라' 개념의 시작이라고 생각한다. 'The Kingdom of God'이란 언제나 'The Reign of God'이다. 세상의 가치와 좌표로부터 멀찌감치 떨어져 있다. 하늘이 땅에서 높음 같이, 동이 서에서 먼 것같이.

◆

마귀가 모든 시험을 다 한 후에 얼마 동안 떠나니라

_누가복음 4:13

'얼마 동안'이다. 사단이 물러나는 시간은 말이다. 사실 예수의 시험은 광야에서 그치지 않고 모든 길에 도사린다. 겟세마네에서 그 치열함은 땀이 피가 되도록 극으로 치닫는다. 사단의 시험은 늘 오고 간다. 밀려왔다 쓸려갔다 또다시 밀려온다. 귓전에 속삭이던 모든 유혹들이 거짓말처럼 조용해져서 나 자신이 성자가 된 게 아닌가 우쭐하는 순간, 어김없이 뒤통수를 치며 우리를 무너뜨린다.

하나님께서 우리를 포기하지 않으시는 것처럼

사단도 결코 우리를 포기하지 않는다.

우리 역시 예수님처럼

사단의 음성에 맞서는 것을 포기하지 않을 것이다.

광야.

길의 시작에서 예수 그리스도는 길의 끝을 겨눈다.

'사랑'의 어원은 '사르다'라 한다.

사랑은 사르는 것,

자신을 송두리째 태워 불사르는 것이다.

죽기 위해 태어난 삶.

죽기 위해 살아야 할 삶.

죽음으로 완성되는 삶.

예수님은 이윽고 그 길을, 그 삶을 온전히 수긍한다.

광야에서 돌아와 사람들 앞에 선 그는

제일 먼저 선지자 이사야의 글을 읽는다.

이는 숫제 도전이요 선포다.

그는 가장 담대히 외친다.

◆

주의 성령이 내게 임하셨으니 이는 가난한 자에게 복음을 전하게 하시려고 내게 기름을 부으시고 나를 보내사 포로 된 자에게 자유를, 눈먼 자에게 다시 보게 함을 전파하며 눌린 자를 자유케 하고 주의 은혜의 해를 전파하게 하려 하심이라 하였더라 _누가복음 4:18,19

◆

비로소 전파하여 가라사대 회개하라 천국이 가까왔느니라
_마태복음 4:17

발의 먼지를 떨어내며, 오랜 두려움도 떨쳐내고.
그는 이제, 마을로, 사람을 만나러 가신다.

예수전

예 수 님 의 삶 을 그 리 는 나 의 노 래

들풀

들
풀

바람보다 먼저 눕고
바람보다 먼저 일어나는
저 들풀 같은 사람들

오늘 피었다 지는 들풀도 입히시는
아버지의 사랑
그들 모두에게 가 닿기를

바람은 쉼 없이 거세고
바람이란 견뎌내기보다
몸을 맡겨야 한다 배운 이들
그 힘없는 사람들에게
나의 눈길이 나의 눈물이 머물지니

저 들풀같이 여린 나의 사람들
저 바람처럼 여윈 나의 사람들
저토록 고요히 향기로운 사람들

바람보다 먼저 웃고
바람보다 먼저 일어나는
저 들풀 같은 사람들

들

예수께서 태어나시기 60년쯤 전, 로마군은 팔레스타인을 점령했다. 로마는 교활한 식민정책으로 본토인들 가운데 자신의 영달만을 생각하는 자들을 골라 점령지의 통치자로 세우고, 그들이 황제의 충직한 노예로 남아 있는 한 여러 특권을 주었다.

그렇게 해서 사람들이 '대왕'이라 이름 붙여준 헤롯이 유대의 왕이 되었다. 사악하고 탐욕스런 헤롯은 로마와 온갖 협상을 맺고 비열한 수단으로 권력을 유지하며 부와 명예를 누렸다. 유대인들은 로마에 저항할 아무 대책이 없음을 알고 속으로 분노를 삭여야 했다.

어떤 이들은 아이러니하게도 유대 법과 종교의 전통들을 살리고자 현실에 타협하고 안전을 도모하기도 했다. 어떤 이들은 공공연히 신앙을 포기하고 로마에 협력하여 돈을 벌며 갖가지 혜택을 누렸다.

그런가 하면 신앙의 이름으로, 선택 받은 민족의 자부심으로 로마에 저항하는 전사들과 복수의 기회를 노리는 테러리스트들도 있었다. 세상은 그들을 '열심당'이라 불렀다.

나머지 대다수는 가난하고 비천하게 살았는데, 율법에 대하여 배운 바는 없지만 경건한 믿음을 지닌 이들도 있었다. 그들을 존중하여 '아나뷤'(anawim, 하나님의 가난한 백성)이라고 부르는 자들도 있었다.

고아, 과부, 걸인, 악한 영에 사로잡힌 사람, 나병환자, 장애인들은 하나님의 벌을 받고 있다고 생각하여 경멸했다.

로마를 위해 일한다는 이유로 동족한테서 미움과 멸시를 당한 세리들, 색욕에 굶주린 로마 병사들에게 시달리며 살아야 했던 창녀들도 있었다(당시 로마군 진영은 티베리우스 호숫가

막달라에 있었는데, 점령군이 주둔한 모든 곳이 그러하듯이 거기에도 사창가가 있었다).

어느 시대, 어느 곳에서나 그랬듯이 가진 자들은 이들을 업신여겼다. 그들은 버림받은 존재로 여겨져 유대인 사회에서 목소리를 낼 수 없었고, 거룩한 성전에는 그들이 설 자리가 없었다. 그들은 살아 있는 것 자체에 죄의식을 느끼고, 자기에 대한 불안과 절망, 혐오로 몸부림쳤다. 이생과 다음 생에 아무런 희망이 없고 오직 저주만 있을 뿐이라고 생각하였다.

그러나 대다수 유대인들은 여호와를 믿고 토라를 읽고 시편 기도를 바치며 하나님께 희망을 두었다. 그들은 성전을 출입하며 제물을 바치고 날마다 주님께 기도하는 가운데 메시아의 도래를 갈망하였다. 그들은 허허벌판에 흩뿌려진 홀씨처럼 스스로 살아남는 법을 배우며 구원을 기다리고 있었다.

2000년이 지난 지금,
거리에 나서노라면 모두가 행복해 보인다.
그러나 모두가 행복한 건 아니다.

예수전

행복한 사람만 행복하다. 불행한 사람은 여전히 불행하다. 세상은 차갑다. 세상은 여전히 전쟁과 다툼으로 소란하고, 질병과 가난과 불평등으로 고통스럽다. 가진 자는 즐겁고 없는 자는 괴롭다. 인류 역사를 통틀어 이 문제는 단 한 번도 해결된 적이 없다. 이것은 인간 본성의 문제이고, 사상과 이념의 문제이며, 생산과 분배의 문제이기도 하다.

이 모든 인간적 체제가 문제다. 인간이 만들어낸 정치, 경제, 사회, 문화의 '체제'(루벰 알베스Rubem Alves가 공룡Dinosaur이라 부르기도 한)는 어느 순간 우리의 주인 행세를 하고, 더 나아가 체제는 이제 누구도 변화시키거나 통제할 수 없어졌으며, 결국 이 비인격적 메커니즘은 우리를 가차 없이 파멸로 이끌고 있다.

이런 문제 많은 세상에
사람의 모습으로 오신 그리스도는
분명 세상으로 떠나오기 전에 고민하셨을 것이다.

영광의 제왕으로 임할지, 강력한 군사력의 사령관으로 이 땅

을 무력 진압할지, 엄청난 재력의 후한 사업가로 부와 풍요로
움을 퍼부을지, 법과 질서를 재정립할 방안을 가진 지혜로운
재판관으로 통치할지.

무엇으로 이 미쳐 돌아가는 통제 불능의 세상을 구원할 수 있
을까. 그러나 인간과 체제엔 그 어떤 것도 일시적 방편일 뿐,
아무리 위대한 제국의 왕위도, 무적의 힘과 권력도, 헤아릴 수
없는 재물도, 완벽한 제도도, 지도자 한 사람만 바뀌면, 혹은
한 세대만 지나면 모래성처럼 무너진다. 예전으로 금세 되돌
아가거나 오히려 더 나빠진다.

그래서 그분은 성전에서 채찍을 드시고 상을 둘러엎으신 것처
럼 체제 자체를 엎어버리고 싶지 않으셨을까. '체제 전복자 그
리스도.' 젊은 시절, 가슴을 뛰게 하던 표현이다. 그분은 어떻
게 세상을 뒤집기 원하실까.

그때 그리스도의 눈에 띈 것은 체제가 아니라 사람이었다.
그분은 '전체'가 아닌 '한 사람'을 보셨다.
저 들풀 같은 사람들.

예수전

'들' 같은 세상에 돋아난 '풀' 같은 사람.
저 황량한 들판의 흙에 씨앗으로 던져지고
연약한 뿌리를 내린 평화로운 사람.

"흙! 씨알의 바탕인 흙이 무엇입니까? 바위의 부서진 것입니다. 바위를 부순 것이 누구입니까? 비와 바람입니다. 비와 바람은 폭력으로 바위를 부순 것 아닙니다. 부드러운 손으로 쓸고 쓸어서 따뜻한 입김으로 불고 불어서 그것을 했습니다. 흙이야말로 평화의 산물입니다."

함석헌 선생의 말처럼,
예수 그리스도는 체제를 고치는 대신
들풀 같은 사람들의 편이 되기로 작정하셨다.
체제를 만들고 휘두르는 사람들이 아니라
체제 앞에 너무나 무력한 사람들을 찾아가기로 하셨다.
그것이 완전하신 하나님의 계획이었다.

◆

주의 성령이 내게 임하셨으니 이는 가난한 자에게 복음을 전하게 하시려고 내게 기름을 부으시고 나를 보내사 포로 된 자에게 자유를, 눈먼 자에게 다시 보게 함을 전파하며 눌린 자를 자유케 하고 주의 은혜의 해를 전파하게 하려 하심이라 하였더라 _누가복음 4:18,19

드디어 공생애를 시작하신 예수,
그분은 선지자 이사야의 글을 꺼내 읽으신 다음,
바로 그 자리에서 선언하신다.

◆

이에 예수께서 저희에게 말씀하시되 이 글이 오늘날 너희 귀에 응하였느니라 하시니 _누가복음 4:21

그는 이 말씀이 그들이 말씀을 듣는 그 자리에서 이루어졌다고 단언한다. 가난한 자, 억압받는 자, 눈먼 자들에게 복음이 선포되고, 자유와 치유가 선포되고 있는 것이다. 앨버트 놀란 Albert Nolan의 표현처럼 복음 전함이 해방의 한 형태로 이해되었다는 것은 특별하고도 뜻깊은 일이다. 가난한 이들에게 복음을 전함은 말로써 그들을 해방함을 뜻한다. 그들에게 좋은

들풀 전수현 作

소식이 전해지는 것에는, '유앙겔리존타이'라는 동사를 사용했다(이사야서 40:9, 52:7, 61:1 ; 누가복음 7:22).

하나님의 영은 예수 그리스도를 바리새인과 서기관, 부자와 권력자들이 아닌, 낮고 병들고 가난한 사람들, 짓눌리고 아픈 사람들, 자기 목소리를 내지 못하는 사람들, 율법을 지킬 수 없어 스스로 좌절하는 사람들, 성전에서 추방당한 사람들, 하나님께도 쫓겨났다고 여겨지는 사람들, 소외당하여 괴로운 사람들, 죄의식의 감옥에 갇혀 있는 사람들에게로 보내셨다.

임마누엘의 하나님이 함께 계시니 두려워하지 말라고.
너는 하나님의 사랑을 입은 특별하고 소중한 존재라고.
손잡고 눈을 응시하며 조용히 속삭여주는 것,
바로 이것이 복된 소식福音이다.

그들은 몸과 마음의 치유를 얻고 새롭게 자기를 발견한다.
"긍휼"compassion로 번역된 헬라어 '스플랑크나'는 육신의 구성요소를 의미한다. 이는 사람의 창자를 뒤틀리게 하는 깊은 감정이다. 고통받는 이들을 바라보는 예수 그리스도의 심정은 창자가 끊어질 듯 괴롭다. 그들과 함께 아파하고 그들과 함께 우신다.

또한 '스플랑크나'에는 "분노"라는 뜻도 포함된다. 예수는 세상이 비천한 자들을 대하는 방식에 분노하신다. 체제가 사람을 불행하게 하는 일에 그의 거룩한 분노를 아낌없이 쏟아내신다.

풀

어두운 시대에 시인은 노래했다.

풀이 눕는다
비를 몰아오는 동풍에 나부껴
풀은 눕고
드디어 울었다
날이 흐려서 더 울다가

다시 누웠다

풀이 눕는다
바람보다도 더 빨리 눕는다
바람보다도 더 빨리 울고
바람보다 먼저 일어난다

날이 흐리고 풀이 눕는다
발목까지
발밑까지 눕는다
바람보다 늦게 누워도
바람보다 먼저 일어나고
바람보다 늦게 울어도
바람보다 먼저 웃는다
날이 흐리고 풀뿌리가 눕는다
〈풀〉_김수영

예수 그리스도가 사람으로 사시는 동안
특별히 눈길과 마음을 두던 사람들을 가리켜

예수전

복음서가 부르는 여러 가지 이름이 있다.

가난한 사람, 소경, 절름발이, 앓는 사람, 중풍 병자, 나병 환자, 거지, 굶주리는 사람, 무리, 마음이 상한 자, 우는 사람, 불쌍한 사람, 죄인, 창녀, 세리, 과부, 귀신 들린 사람, 박해받는 사람, 억눌린 사람, 포로된 자, 수고하고 무거운 짐진 자, 지극히 작은 사람, 말째, 철부지, 어린이, 이스라엘 가문의 길 잃은 양….

예수 그리스도는 보통 이들을 '가난한 사람' 혹은 '작은 사람(소자)'이라 불렀고, 똑같은 사람을 두고 바리새인들은 '죄인' 또는 '율법을 모르는 무리(암-하-아레스)'라 불렀다. 심지어 똑같이 '죄인'이라 부를 때도 예수님과 바리새인의 뉘앙스는 하늘과 땅 차이다. 지금도 똑같다. 힘 있고 가진 자들은 여전히 이들을 하층민, 노동 계급, 사회 부적응자라고 부른다.

평생 소외되고 고립된 약자를 대변하는 작품들을 만들어온 켄 로치Ken Loach 감독의 영화 〈빵과 장미〉에서 청소용역 노동자는 작업복을 갈아입으며 말한다.

"이 옷은 입는 순간 우리를 투명인간으로 만들어주지."

마치 해리포터의 마법의 투명 망토라도 덮어쓴 것처럼 우리의
시선이 닿지 않는 사람들이 있다.

◆

오늘 있다가 내일 아궁이에 던지우는 들풀도 하나님이 이렇
게 입히시거든 하물며 너희일까보냐 _마태복음 6:30

예수 그리스도의 눈에 그들은 들풀처럼 보였을 것이다. 바람
보다 빨리 눕고, 바람보다 먼저 일어나는 여린 사람들. 바람
이란 견뎌내기보다 몸을 맡겨야 함을 일찍이 체득한 여윈 사
람들. 그럼에도 고요히 저마다의 향기를 내뿜고 있는 이들.

예수전

"상처 많은 꽃잎들이 가장 향기롭다"는 정호승의 시어詩語처럼 그 힘없는 사람들을 향하는 그리스도의 눈길과 눈물은 특별한 것이었다. 사람의 시선만큼 따뜻한 것도, 또 폭력적인 것도 없다. 보통의 사람들에게 동정의 시선이란, 동정의 대상이 되는 사람의 처지로 자신은 절대로 전락하지 않는다는 믿음을 전제한다. 그리하여 동정의 시선은 아무리 따뜻해도 또한 위계적이다. 그러나 그분의 시선은 결코 위에서 아래로 내려다보지 않는다.

인류 역사상 아무리 훌륭한 지도자의 통치 아래에서도 민중들은 괴로웠다. 찬란한 역사와 업적 속에서도 압제받는 이들의 괴로움은 전혀 무관한 것이었다. 시저와 알렉산더와 나폴레옹과 칭기즈칸이 천하를 호령해도 그 나라의 가난한 사람들은 여전히 가난했다. 박정희의 독재정권에도, 노무현의 민주정권에도 가난한 이들의 삶은 크게 다른 것이 없었다.

그러나 예수는 달랐다.

그는 위대한 왕이셨지만, 압제하거나 지배하지 않으며 그저 가난한 이들의 편이 되어 작은 자들 곁에 서 계셨다. 유명세를 얻건 말건, 기적을 일으키는 능력과 무관하게 그분은 늘 연약한 이들과 함께하셨다. 그는 단 한 번도 권력과 결탁하거나 그들을 힘입으려 하지 않았다.

약자의 곁을 떠나지 않는 왕,
위에 있지 않고 곁에 있는 왕.
그분이 나의 왕이셔서 감사할 뿐.

하나님 외에 도무지 기댈 곳이 없는 이들이 하나님을 찾고 의지할 때 비로소 '심령이 가난한 사람'으로 불리게 된다.

심령이 가난한 자는 복이 있나니
천국이 저희 것임이요
애통하는 자는 복이 있나니
저희가 위로를 받을 것임이요
온유한 자는 복이 있나니
저희가 땅을 기업으로 받을 것임이요
의에 주리고 목마른 자는 복이 있나니

예수전

저희가 배부를 것임이요

긍휼히 여기는 자는 복이 있나니

저희가 긍휼히 여김을 받을 것임이요

마음이 청결한 자는 복이 있나니

저희가 하나님을 볼 것임이요

화평케 하는 자는 복이 있나니

저희가 하나님의 아들이라 일컬음을 받을 것임이요

의를 위하여 핍박을 받은 자는 복이 있나니

천국이 저희 것임이라

나를 인하여 너희를 욕하고 핍박하고 거짓으로 너희를 거스려

모든 악한 말을 할 때에는 너희에게 복이 있나니

기뻐하고 즐거워하라

하늘에서 너희의 상이 큼이라

너희 전에 있던 선지자들을 이같이 핍박하였느니라

나는 지금껏 산상수훈을 오해했다. 산상수훈이란 예수 그리
스도가 꿈꾸는 세상, 그가 원하는 인간상을 가르치시는 것이
라고 말이다. 그러나 실은 이 설교는 그리스도의 세레나데다.
내가 사랑하는 이들은 이런 이들이라고 고백하고 계신 것이

다. 더불어 나는 이런 사람이라고 자신을 노래하신 것이기도
하다.

남 얘기하듯, 남에게 바라듯 조용히 사랑을 속삭이고 있다.

자세히 보아야 예쁘다.
오래 보아야 사랑스럽다.
너도 그렇다.
〈풀꽃〉_나태주

들풀에 깃든 바람처럼 그리스도의 음성이 귓전에 불어온다.

* 이 장은 앨버트 놀런의 〈그리스도교 이전의 예수〉, 장 바니에의 〈시보다 아름다운 예수전〉에 많은 빚을 지고 있다. 특별히 장 바니에의 글의 경우 이현주 목사의 번역 또한 너무나 아름다웠다. 나의 빚짐을 번역자를 포함한 세 분에 대한 오마쥬 Hommage라는 말로 도피성을 삼는다.

예수전

예 수 님 의 삶 을 그 리 는 나 의 노 래

옥
합

나의 옥합을 깨뜨립니다 내 사랑하는 주님
나의 전부 내 삶의 이유되신 당신의 발 앞에
내가 가진 모두를 쏟아부어 당신께 드리오니
주만 높아지기 원하니 향기 되게 하소서

너의 수고가 헛되지 않노라 사랑하는 딸아
오 너의 마음 내가 아노라 오 내 딸아
눈물로 거둔 너의 옥합을 내가 기억하노라
복음이 증거될 때 너의 행함을 기념하리라

주만 높아지기 원하니 보배롭게 하소서

너를 인해 기뻐하노라 나의 딸아

낭비, 고귀한

예수께서 바리새인의 집에서 식사하시는 자리에 한 여인이 나타난다. 그녀는 들고 온 옥합을 깨뜨려 향유를 예수님의 머리와 발에 붓고 그 발에 입 맞추며 자신의 머리털로 발을 씻긴다.

300데나리온에 달하는 한 근의 순전한 나드 향유는 당시 노동자의 1년치 급여에 해당하는 매우 귀하고 값비싼 것이다. 사람들은 놀라고, 집주인 시몬은 바리새인답게 이 여인이 죄인임을 상기시키고, 탐욕스러운 가롯 유다는 낭비된 돈 계산부터 한다.

그러나 주님은 오히려 여인을 칭찬하시고 복음이 증거되는 모든 곳에 그녀의 행동을 기념하겠노라 약속하신다.

이 아름답고도 역사적인 장면에 놓쳐서는 안 될 점들이 몇 가지 있다. 우선 이 여인이 누구인지 학자들은 의견을 달리해왔다. 마태와 마가는 그녀를 그냥 '한 여인'으로, 누가는 '죄인인한 여인'으로, 요한은 예수께서 죽음에서 살리신 나사로의 누이 마리아라고 특정한다. 그래서 나사로의 누이 마리아와 죄 많은 여인(창녀로 추정하기도 하는) 막달라 마리아를 동일 인물로 보는 입장에서부터, 공관복음과 요한복음이 이야기하는 사건은 등장인물이나 시간 순서까지 서로 다른 별개의 사건으로 보는 이들까지 다양한 입장이 존재한다.

그러나 모두 동의하지 않을 수 없는 사실은,
이 여인은 성경 역사를 통틀어 최고의 예배자였다는 점이다.
그녀가 한순간에 낭비해버린 귀한 향유만큼이나
결코 지워지지 않을 향기로운 예배를 드렸다.

이 사건을 가장 자세히 들여다보고 있는 사람은 단연 누가다. 마태와 마가는 여인이 예수님의 머리에 향유를 부었다고 기록한다. 요한은 발에 향유를 붓고 머리털로 씻겼다고 기록한다. 그런데 누가복음은 다른 복음서가 기록하지 않은 디테일을 놓치지 않는다. 그는 동네에 소문난 죄인인 여자가 옥합을 깨뜨릴 때 눈물을 쏟은 것과, 예수님의 발에 떨어진 눈물을 자신의 머리털로 씻은 것과, 그 발에 입 맞춘 것 모두에 주목한다.

옥합 백현주 作

여인이 흘린 눈물은 그녀가 죄인이었음을 강조하는 것이기도 하겠으나, 실은 예배자의 본질이 '죄인'이라는 가장 중요하고도 기본적인 전제를 확인해준다. 예수 그리스도는 이 여인이 얼마나 죄가 많은 사람인지를 고소하는 바리새인에게, 빚을 탕감받은 두 사람 중에 누가 더 탕감해준 이를 사랑하겠느냐는 당연한 질문을 던짐으로써 예배의 주체가 죄인임을 확증하신다.

더 많은 죄를 짓고 또한 사함 받은 사람이
더 큰 사랑으로 예배할 수 있다.
큰 용서에는 큰 조아림이 따른다.
겸손할 수밖에 없는 사람이
진실로 엎드려 경배할 수 있다.
바리새인이 머리를 들고 기도할 때
세리는 하늘을 우러러보지도 못하고
가슴을 치며 기도했다.
이것이 예배다.

또 하나의 결정적인 장면은 여인이 예수님의 발에 입을 맞추는 모습이다. 신약성경에서 '예배'를 의미하는 원어는 '라트레이아'와 '프로스퀴네오'다. 영어성경 KJV는 라트레이아를 'Service'로, 프로스퀴네오는 'Worship'으로 각각 번역한다.

◆

그러므로 형제들아 내가 하나님의 모든 자비하심으로 너희를 권하노니 너희 몸을 하나님이 기뻐하시는 거룩한 산 제사로 드리라 이는 너희의 드릴 영적 예배니라 _로마서 12:1

여기서 예배는 '라트레이아'다.

◆

집에 들어가 아기와 그 모친 마리아의 함께 있는 것을 보고 엎드려 아기께 경배하고 보배합을 열어 황금과 유향과 몰약을 예물로 드리니라 _마태복음 2:11

◆

아버지께 참으로 예배하는 자들은 신령과 진정으로 예배할 때가 오나니 곧 이때라 아버지께서는 이렇게 자기에게 예배

하는 자들을 찾으시느니라 하나님은 영이시니 예배하는 자
가 신령과 진정으로 예배할찌니라 _요한복음 4:23,24

여기서 예배는 '프로스퀴네오'다. 예배의 본질은 '섬김'이고, 예
배의 형식은 '엎드림'이다. 특히 프로스퀴네오의 예배는 구체
적인 경배의 행동을 포함한다. 엎드리고, 절하고, 찬미의 노래
를 부르고, 거룩한 사랑의 입맞춤을 하며, 하나님을 높인다.
구약에서 예배를 의미하는 대표적인 히브리어는 '아바드'와
'샤하'다. '아바드'는 '라트레이아'에, '샤하'는 '프로스퀴네오'
에 해당하는 셈이다. '샤하' 역시 엎드리고 굽혀 경배하는 태
도를 의미한다. 재미있는 것은 '샤하'가 쓰이는 용례의 한계가
매우 극단적이기도 하다는 점이다. 이를테면 이런 장면이다.

두 나라가 전쟁을 한다. 치열한 전투 끝에 한쪽이 승리한다.
승전국의 왕이 패전국을 행진하며 개선 퍼레이드를 한다. 새
로운 왕의 위엄 앞에 패배한 왕과 신하와 백성들은 엎드려 있
다. 그들 사이를 행차하던 왕의 대로大路에 물이 고여 바닥이
질척해진 곳이 나타난다. 그때 새 왕은 새로 맞춘 신발이 행
여 더러워질까 얼굴을 찌푸리고, 그와 동시에 패전국의 왕과

신하가 달려 나와 그 물웅덩이 위에 엎드러진다. 새 왕은 유유히 그들의 등을 밟고 그곳을 지나간다.

바로 이때 '샤하'가 쓰인다. 패배한 왕이 치욕에 굴욕을 더한 그 엎드림이 바로 '샤하'다. 예배란 애초에 무자비한 것이다. 하나님이 우리에게 원하시는 것은 순종 이전에 완전한 '복종'이다. 나의 뜻과 생각, 내 목소리와 힘, 나의 지혜와 경험과 방법을 모조리 굴복시켜서 그분 앞에 엎드리는 것이야말로 예배의 시작이다.

이것이 너무 일방적이고 비상식적이고 차별적으로 느껴지는가. 그렇다면 다른 예를 들어보겠다.

사랑에 빠진 한 남자가 있다. 그는 짝사랑하는 여인의 마음을 얻으려 노심초사한다. 그녀의 동선을 파악하고 그녀의 취향을 조사한다. 온종일 그녀를 생각한다. 그러나 그녀는 냉담하다. 인맥을 동원하고 선물 공세를 펴고 손발이 오그라드는 이벤트를 기획한다. 그런데도 그녀는 여전히 차갑다. 그래도 그는 전혀 마음이 상하지 않는다.

예수전

오히려 내가 뭔가 실수한 게 있나 그 날 하루를 돌아보고, 내일은 더 잘해야지 굳게 결단한다. 급기야 어머니로부터 나한테 그렇게 정성을 쏟았으면 동네에 효자비를 세웠을 거란 이야기 듣고야 만다. 하지만 그에 아랑곳없이 어머니 구두 상품권을 훔쳐서 그녀에게 바친다. 어쩌다 하루, 생전 없던 그녀의 문자에 웃음^^ 이모티콘이라도 붙어 날아오면 가슴이 부풀어 올라 그날 밤을 하얗게 샌다.

또 다른 예를 들어보자. 분만실에서 애를 태우는 한 남자가 있다. 그렇게 기다리던 아들을 드디어 만났다. 어디서 저런 천사가 떨어졌나 싶다. 비위도 약하면서 기저귀도 척척 갈고 콧물 흡입기도 열심히 빨아댄다.

밖에 나가서도 하루 종일 아기 생각만 한다. 당연히 일은 엉망진창이다. 틈만 나면 휴대폰을 꺼내 사진을 들여다보며 히죽거린다. 아무나 붙잡고 아기 얘기를 끝도 없이 늘어놓는다. 일을 마치기가 무섭게 집으로 달려온다.

물고 빨고 노래도 부르고 춤도 춘다. 그러다 눈이 마주쳐 아기가 까르르 웃기라도 하면 그는 바보처럼 눈물을 쏟는다.

그렇다. 모두 내 얘기다.
이것은 모두 그 자체로 순전한 경배요 예배에 다름 아니다.
연애 시절에 나는 아내를 경배했고,
아이를 낳고 난 뒤 나는 아들을 경배했다.
조건 없이 숭배했고 복종했고
내 모든 걸 아낌없이 바쳤다.
그러고도 자존심 상하지 않았고 아깝지도 않았다.

경배란 이다지도 굴종적이고 무모하고
끝 간 데 없는 것이다.
상식 따위는 가볍게 넘어서는 것이다.
기울어진 힘의 균형에 절대 연연하지 않는다.
밀고 당기기는 꿈도 꾸지 않는다.
남이 보면 굴욕인데 나에게는 행복이다.
그것이 예배다.

예수전

깨뜨림

◆

> 종이 진정으로 말하기를 내가 상전과 내 처자를 사랑하니
> 나가서 자유하지 않겠노라 하면 상전이 그를 데리고 재판장
> 에게로 갈 것이요 또 그를 문이나 문설주 앞으로 데리고 가
> 서 그것에다가 송곳으로 그 귀를 뚫을 것이라 그가 영영히
> 그 상전을 섬기리라 _출애굽기 21:5,6

여기 이상한 종이 있다. 7년 만에 놓임을 얻게 되었는데, 자유
대신 구속을 선택한다. 귀 뚫은 종은 보기에 따라 자율성이
결여된 종속적인 사람으로 판단되기 쉽다. 그러나 우리는 그
와 주인과의 관계를, 그들이 함께 보낸 세월을, 그가 누리는
구속의 자유를 무엇 하나 짐작할 수 없다.

이렇듯 눈먼 사랑이 있다면,
나는 눈먼 예배도 있다고 믿는다.

중학교 2학년 때로 기억한다. 예배 도중 난입한 아버지에게 개 맞듯 얻어터지며 끌려 나간 한 살 위 교회 형이, 2부 성경 공부가 끝나기 전에 눈탱이가 밤탱이가 된 채 웃으며 다시 돌아왔다. 우리는 둘러앉아 그를 위해 울었고 손을 잡고 기도했다.

그런 일이 몇 번 더 있었고 형의 아버지는 더 이상 교회로 찾아오지 않았다. 그는 지금 캄보디아 선교사로 오지와 정글에서 뜨겁게 복음을 전하고 있다.

말릴 수 없는 사랑이란 게 있다.
'Worship'은 Worth(가치)와 Ship(신분)의 만남이다.
신분에 합당한 가치를 매기는 것.
그것이 예배다.

가치를 표현하는 기준은 저마다 달라서, 하는 사람에게나 받는 사람에게나 옆에서 보는 사람에게 서로 이해되지 않는 것

예수전

일 수도 있다. 이해되지 않는 폭이야말로 각자의 애정의 깊이다. 예배의 진폭은 예배자가 매기는 가치에 따라 하늘과 땅을 오간다.

그럼에도 불구하고 예수님에 대해 오해하기 쉬운 부분이 있다.

◆

가난한 자들은 항상 너희와 함께 있으니 아무 때라도 원하는 대로 도울 수 있거니와 나는 너희와 항상 함께 있지 아니하리라 _마가복음 14:7

사실 평소 예수 그리스도의 입장과 언행은, 형식적 예배보다는 가난하고 어려운 이웃을 돕는 데 더 가치를 두는 편에 속한다. 지극히 작은 자 하나에게 한 것이 곧 내게 한 것이라는 말씀은 하나님을 섬기는 것과 이웃을 섬기는 것이 다르지 않다는 말이다. 이웃을 섬기는 것은 가장 훌륭한 예배다.

그러나 이 장면에서만큼은 예외적으로 가난한 자들은 항상 함께 있지만 나는 그렇지 않다면서 여인을 두둔하신다. 그렇다고 해서 이 말씀이 구제와 긍휼 사역을 외면하라는 것이 아니다.

우리의 삶 가운데 어느 한 순간, 정말 특별하게 예수와 예배에 집중했던 순간이 있는가. 가난한 이들을 돌보는 것보다도, 원하는 학교에 진학하는 것보다도, 조건 좋은 직장을 찾는 일보다도, 평생을 함께할 배우자를 찾는 것보다도 오직 예수께만, 오직 예배에만. 그 어떤 일, 그 누구보다도 오롯이 예수님만 보이고, 그분께만 집중하는 순간이 필요하다.

어려운 이웃을 돕고 섬길 시간은 의외로 많이 있다. 공부할 시간도, 돈을 벌 시간도, 연애할 시간도 많다. 그러나 정작 우리 인생에서 그리스도를 위해 큰 대가를 치르며 온전히 부어드릴 수 있는 시간은 생각보다 많지 않다. 우리는 대부분 그 시간과 기회를 망설이고 재고 계산하다 날려버린다.

그러나 주저 없이 값비싼 옥합을 깨뜨리는 이들도 있다.

전문의 시험을 합격하자마자 개원 대신에 오지로 의료 선교를 떠난 이를 알고 있다. 멀쩡히 잘 다니던 안정된 직장을 그만 두고 성경이 없는 곳에 성경을 번역하는 일에 헌신한 이도 알고 있다. 평생 모은 재산을 장학금으로 다 내놓고도 행복해하는 이를 알고 있다.

사람들은 그들을 어리석다 비웃었지만,
그들은 자신만의 옥합을 깨뜨려
예수 그리스도께 부어드렸다.
아낌없이, 남김없이.
주님은 그들을 받으셨고,
복음이 증거되는 모든 곳에서
그들을 기억하실 것이다.

내가 아는 예배서 중 가장 멋진 제목을 단 하나만 꼽으라고 하면 나는 주저 없이 마르바 딘Marva Dawn의 책을 꼽는다.

A Royal "Waste" of Time
고귀한 시간 '낭비' – 예배

이 제목은 가히 충격적이었다.
'Royal'도 'Waste'도, 심지어 한국어로 번역된 '낭비'조차도.

우리는 예배에서 얻거나 받는 것을 중요하게 생각한다. 말씀에 깨달음을 '얻고', 찬양에 은혜를 '받고' 하는 식으로 말이다. 그러나 '참된 예배'는 버리고 낭비하는 것이다. 그 고결한 낭비를 하나님은 가장 기뻐 받으신다.

하물며 마르바 던은 이렇게 단정한다.
"세상적인 면에서 볼 때, 예배가 완전한 시간 낭비a total waste of time가 아니라면 그것은 우상 숭배일 뿐이다. 진정한 예배란 하나님을 높이는 단 하나의 목적을 위해 하나님의 무한한 광휘에 완전히 잠기는 것이다."

오스왈드 챔버스Oswald Chambers의 묵상에 귀를 기울여보라.
"우리는 하나님의 말씀을 하품으로 막을 수 있다. 다른 할 일들이 있다는 것을 떠올림으로 하나님과 함께 보낼 시간을 막을 수 있다. "시간이 없다!" 물론 당신은 시간이 있다! 시간을 내라. 다른 관심사들을 묶어두라. 당신 삶의 힘의 원천이 주 예수 그리스도와 그분의 속죄에 있음을 시간에게 깨우쳐 주라."

김영봉 목사의 칼끝은 예리하게 자신과 동료 사역자를 향한다. "'분주함'과 '산만함'과 '피상성'이 특징이 되어버린 이 시대에 목회자는 수많은 일들로 허둥대며 영적 파산 상태에 이르게 됩니다. 그래서 성공한 목회자들은 거대한 추문을 만들고, 실패한 목회자들은 패배감의 늪에 빠지며, 이도저도 아닌 목회자들은 매너리즘의 포로가 됩니다."

로마노 과르디니Romano Guardini는 예배를 '헛되지만 의미로 가득한 것'이라 했다. 어쩌면 예배는 세상에서 가장 비생산적인 행위다. 그러나 동시에 그 의미를 헤아릴 수 없는 신비로운 것이다. '고귀한 낭비'만큼이나 역설적인 이 말은 우리의 눈에 헛되이 여겨지는 것들이 하나님께 가장 의미 있게 빛나는 예물일 수 있다는 뜻이기도 하다.

대신 '소비된 예배'는 가장 경계해야 하는 일이다. 예배의 상업화에 우리는 치를 떨어야 한다. 돈으로 환산되는 예배가 있다. 숫자와 규모와 흥행에 집착하는 예배가 있다. 예배 관련 상품과 기획과 행사가 범람한다.

예배를 밥벌이로 여기는 이들은 '예배업자'다. 특히 성직자와 사역자들에겐 예배와 노동의 경계가 모호하다. 자칫하면 예배를 드리고 성도를 섬기는 것처럼 보이지만, 한순간 삯꾼이나 도적으로 전락하기 십상이다. 마치 300데나리온 어쩌고 하며 돈 계산을 해대던 가룟 유다처럼 말이다.

◆

제자 중 하나로서 예수를 잡아줄 가룟 유다가 말하되 이 향유를 어찌하여 삼백 데나리온에 팔아 가난한 자들에게 주지 아니하였느냐 하니 이렇게 말함은 가난한 자들을 생각함이 아니요 저는 도적이라 돈 궤를 맡고 거기 넣는 것을 훔쳐 감이러라 _요한복음 12:4-6

그런데 그녀의 뜻밖의 행동은 또 다른 뜻밖의 결과를 가지고 온다.

◆

저가 힘을 다하여 내 몸에 향유를 부어 내 장사를 미리 준비
하였느니라 내가 진실로 너희에게 이르노니 온 천하에 어디
서든지 복음이 전파되는 곳에는 이 여자의 행한 일도 말하여
저를 기념하리라 하시니라 _마가복음 14:8,9

결과적으로 그녀가 예수께 향유를 부은 것은 그분의 죽음을
예비한 것이 되어버렸다. 그건 그녀 자신도 몰랐던 일이다. 그
녀는 예수께서 십자가에서 그렇게 죽으실지 상상하지 못했다.

'그리스도'란 잘 알다시피, "기름부음을 받은 자"이다.

다윗은 사무엘에게 기름부음을 받음으로 왕이 되었고, 예수
그리스도는 자신을 가장 사랑하는 예배자로부터 기름부음을
받으심으로 왕의 왕이 되셨다. 죄인이었던 그녀는 예수께 기
름을 부음으로 더 이상 죄인이 아닌 예배의 주체인 제사장이
되었다.

◆

오직 너희는 택하신 족속이요 왕 같은 제사장들이요 거룩한
나라요 그의 소유된 백성이니 이는 너희를 어두운데서 불러
내어 그의 기이한 빛에 들어가게 하신 자의 아름다운 덕을
선전하게 하려 하심이라 너희가 전에는 백성이 아니더니 이
제는 하나님의 백성이요 전에는 긍휼을 얻지 못하였더니 이
제는 긍휼을 얻은 자니라 _베드로전서 2:9,10

옥합을 깨뜨리듯,
그녀는 자신을 깨뜨렸고,
자신의 죄를 깨뜨렸다.
두려움이 깨어졌고,
고통이 깨어졌고,
의심이 깨어졌고,
수치가 깨어졌다.

그 자리에 그리스도의 향기가 피어나 보좌를 향하는 향기로
운 예물이 된다. 복음이 전파되는 모든 곳에서 그 향기는 찬
송의 꽃으로 다시 피어난다.

예수전

5 소녀

예 수 님 의 삶 을 그 리 는 나 의 노 래

소
녀

차갑게 식어버린 너의 숨
힘없이 떨궈진 너의 손
굳게 입다문 너의 꿈
이제 아무 말이 없네

닫혀버린 내일
잠겨버린 소원
웃음도 울음도
얼어붙은 너의 시간

소녀야 너의 손 다시 잡아줄게

일어나렴 이제 일어나렴

아이야 너의 꿈 다시 꾸게 할게

일어나라 너 일어나라

깊은 잠에서 깨어나

새 희망을 노래하렴

네 어린 꿈 젊은 숨

그 푸른 가슴으로

생명을 호흡하렴

죽음

죽음은 누구에게나 공평하고 더없이 분명하다. 죽음은 가장 이기기 힘든 상대이고, 누구도 이길 수 없다. 죽음은 가장 거대한 슬픔이고, 가장 깊은 절망이다. 죽음은 애초에 극복의 대상이 아니라 수긍의 대상이다.

누구나 죽는다.
예외는 없다.

그렇기에 "죽음이 확실하면 부활도 확실하다"는 반어적 명제로 이야기를 시작한다.

"우리는 모두 타인의 고통 속에 태어나고 자신의 고통 속에 죽어간다."
영국의 시인 프랜시스 톰프슨Francis Thompson의 말이다.

"태어나는 순간 죽음은 시작된다."
에드워드 영Edward Young의 말이다.

예수전

우리는 자신의 죽음은 물론, 남의 죽음에 속수무책이다. 우리는 모든 죽음에 관여할 수 없다. 때문에 '죽음'이라는 특별한 사건은 사람을 송두리째 뒤흔든다. 그의 생각과 감정과 세계관은 죽음으로 인해 큰 변화를 맞닥뜨리게 된다. 죽음을 겪은 사람은 이전과 전혀 다른 존재가 된다. 특히 그것이 가장 사랑하는 이의 죽음이라면 더더욱.

죽음은 산 사람을 좋게 변하게도 하고 나쁘게 변하게도 한다. 어떤 이는 죽음으로 인해 우뚝 일어서고 어떤 이는 무너진다. 누군가의 죽음을 지켜보며 우리는 많은 것을 배운다. 오래 준비한 죽음도 있고, 갑작스러운 죽음도 있다.

죽음을 이겨내려 애쓰는 이의 곁을 지키는 것은 참으로 고통스러운 일이다. 불의의 사고로 황망하게 떠난 이를 차마 보낼 수 없어 몸부림치는 것을 지켜본 적이 있는가. 자식이 부모보다 먼저 죽는 참척慘慽의 아픔은 말로 다 못할 상흔을 안긴다.

죽음 때문에 삶은, 더 무거워지기도 하고 가벼워지기도 한다. 생生의 의지가 더 단단해지기도 하고, 오히려 느슨히 놓아버리기도 한다.

가장 지혜로운 성경인 '전도서'를 관통하는 중요 주제는 "죽음을 기억하라"이다. 메멘토 모리Memento mori. 죽음만큼 아픈 것도 없지만 죽음만큼 많은 것을 가르치는 것도 없다. 절대 안 변할 것 같은 사람이 누군가의 죽음을 겪으며 달라지는 것을 보기도 한다.

얍복강가에서 하나님의 사자와 씨름을 하고 '이스라엘'이라는 새 이름을 받았는데도 성경은 계속 그를 야곱으로 부른다. 그러나 그가 그토록 사랑했던 라헬이 죽자 그때 비로소 바뀐 이름으로 불리기 시작한다.

◆

라헬이 죽으매 에브랏 곧 베들레헴 길에 장사되었고 야곱이 라헬의 묘에 비를 세웠더니 지금까지 라헬의 묘비라 일컫더라 이스라엘이 다시 발행하여 에델 망대를 지나 장막을 쳤더라 _창세기 35:19-21

죽음 앞에서 우리는 가장 연약해지고 동시에 가장 진실해진다. 죽음이라는 극복할 수 없는 한계는 때로는 공포로, 때로는 경의로 우리 앞에 견고하다.

《존재와 시간》에서 하이데거Martin Heidegger는 죽음을 진정한 의미의 확실성, 확실한 가능성이라고 생각하고, 죽음의 확실성은 그토록 확실하기에 모든 양심의 근원이 되는 것이라 역설했다.

예일대의 석학 셸리 케이건Shelly Kagan 교수는 그의 책《죽음이란 무엇인가》에서 죽음이 무거운 이유를 이렇게 말했다.

첫째, 죽음의 필연성 – 반드시 죽는다.
둘째, 죽음의 가변성 – 얼마나 살지 모른다.
셋째, 죽음의 예측불가능설 – 언제 죽을지 모른다.
넷째, 죽음의 편재성 – 어디서 어떻게 죽을지 모른다.

하이데거가 인간을 "죽음을 향한 존재Sein Zum Tode"라고 명명한 것처럼 모든 생명은 죽음을 향한다. 죽음을 향하는 생명이라면, 생명을 향한 죽음도 있어야 한다.

그리스도의 죽음은
영원한 생명을 향한 문을 열었다.
언제나 죽음은, 죽음 그 너머
의문과 경외를 동시에 불러일으킨다.
삶과 죽음, 그리고 부활은
인간이 가장 궁금해하는 오랜 이슈다.
죽음을 이기거나, 피하거나
심지어 죽음에서 되돌아오는 이야기는

예수전

그래서 항상 매력적이다.

소생

예수께서 죽음에서 되살리신 사람은 단 세 명이다. 회당장 야이로의 어린 딸, 나인성 과부의 아들, 그리고 나사로이다. 죽은 사람을 살린 것은 실로 엄청난 일이지만, 이는 예수님만 하신 일은 아니다.

엘리야는 사르밧 과부의 아들을 살렸다.
엘리사는 수넴 여인의 아들을 살렸다.
베드로는 다비다라 하는 도르가를 살렸다.
바울은 창문에서 추락사한 유두고를 살렸다.

실제로 예수님에 대한 많은 책들도, 신학자들도, 설교자들도 죽은 이를 살리는 장면을 자세히 언급하는 것을 즐기지 않는다. 우리는 기껏해야 유년 주일학교 시절 "예수님이 아빠의 간절한 기도를 들어주셔서 어린 소녀를 살려주셨어요" 정도

수준의 설교를 듣는 것에 그쳤다.

현대 사회에서 부활이라는 초자연적 현상을 설교하는 것은 불편한 일이다. 전해야 할 교훈도, 말씀의 적용도 영 마땅치가 않다. 사실 죽은 자를 살리는 일만큼 초자연적인 기적도 없지만 동시에 이것만큼 불필요한 일도 없다.

예수님에 대한 과도한 상상력과 불경한 묘사로 얼룩진 문제작 《신이 된 남자》의 작가 제랄드 메사디에Gerald Messadie는 이렇게 비꼬고 있다.
"다시 죽을 것이 뻔한 나사로를 무엇하러 되살려낸단 말인가? 납득할 수 없는 유치한 이야기다."

이런 무신론자의 말에 일일이 대응할 필요는 없지만, 비난의 빌미는 제공한 셈이다. 죽은 자를 살린 예수님의 기적은 일시적 조치에 불과해 보였고, 결국 그들은 다시 죽었다. 심지어 이들을 다루는 성경의 비중은 눈을 뜬 소경이나 고침 받은 문둥병자보다도 많지 않다. 죽었다 살아났는데도 이름을 밝히는 이는 나사로뿐이다. 그들은 살아난 이후, 아마 유명해졌을 수도 있지만, 어쩌면 동네에서 유령 취급을 받았을지도 모를 일이다.

예수 그리스도는 모든 사람을 다 살리지는 않으셨다. 어떤 죽음은 외면하셨다. 나인성 과부의 아들을 살려내셨지만, 자식을 잃은 모든 홀어머니에게 소생의 혜택이 주어지지는 않았다. 아무리 애절하고 억울하고 아깝고 사연이 많은 죽음이라 해도 그들에게 일일이 부활을 선사하지는 않으셨다.

야이로의 딸이나 나인성 과부의 아들을 살리시는 장면은 그리 극적이지도 않다. 나사로를 살리실 때처럼 눈물을 흘리지도, 미리 하나님께 감사기도를 드리지도, "나는 부활이요 생명이니" 같은 멋진 말씀도 하지 않으셨다.

아이를 살리러 가는 길에 우연히 마주친(물론 우연이란 있을 리 없다) 혈루증 앓는 여인이 예수님의 옷자락을 만지고 고침을 받자 "네 믿음이 너를 구원하였다"라는 위대한 선포도 아끼지 않으셨다. 그러나 정작 아이를 살리실 때는 손을 잡고 다만 "일어나라"고만 하셨다.

아버지 야이로에게는 "두려워 말고 믿기만 하라"고, 아이를 위해 울며 통곡하는 이들에게는 "죽은 것이 아니라 잔다"고 미덥지 않은 말씀만 하셨다. 오늘날 대부분의 신학자들은 소녀의 '자는 것'을 죽음에 대한 반대 명제라기보다는 죽음의 조건으로 이해한다. 살아 있더라도 잠들어 있는 영혼은 죽은 것과 다르지 않다. 내일이 닫히고 소망이 잠겨버린 시대를 살고 있다. 웃음도 울음도 얼어붙은 시간을 버텨내고 있다.

소년은 고민이 많고,
청년은 고통스럽고,
장년은 고단하고,
노년은 고독하다.

"30세에 죽었으나 60세에 묻혔다"라고
묘비에 써야 할 사람이 얼마나 많은가.

미국의 철학자 니콜라스 머레이Nicholas Murray의 말은 현대인의 초상이다.

예수전

지금 우리에게도 예수님의 부르심은 유효하고 또 엄중하다.

일어나라

당시 이스라엘에는 네 가지 언어가 통용되었다. 상류층은 헬라어, 제사장과 사두개인들은 히브리어, 평민들은 아람어, 그리고 로마의 식민 상태였으므로 라틴어도 적잖이 사용되었다.

신약성경은 구어체인 코이네 헬라어로 기록되었지만 예수께서는 종종 평민들의 언어인 아람어로 그 마음을 표현하셨다.

귀 먹고 말 더듬는 자를 고치실 때 "에바다(열리라)"
십자가의 절규 "엘리 엘리 라마 사박다니
(나의 하나님, 나의 하나님 어찌하여 나를 버리셨나이까)"

그리고 "달리다굼"이다.
일어나라.

소녀 이혜영 作

예수전

'일어나라'는 '깨어나라'와 같다.
죽은 듯 잠들어 있는 영혼에게
"깨어나라"는 "살아나라"와 같다.
그분은 가장 위대한 선포를
가장 소박한 언어로 속삭이셨다.

딸의 죽음을 예감한(마태복음은 "내 딸이 방금 죽었사오나"라
고 한다) 아버지 야이로의 청원은 엄중했다.

◆

회당장 중 하나인 야이로라 하는 이가 와서 예수를 보고 발
아래 엎드리어 많이 간구하여 가로되 내 어린 딸이 죽게 되었
사오니 오셔서 그 위에 손을 얹으사 그로 구원을 얻어 살게
하소서 하거늘 _마가복음 5:22,23

그는 소생에 앞서 '구원'을 원했다. 과연 아버지의 믿음대로
소녀는 살았고 구원을 얻었다.

누가복음에만 나오는 표현을 주목하라.

◆

그 영이 돌아와 아이가 곧 일어나거늘 _누가복음 8:55

숨, 혼, 생명의 의미를 가지는 헬라어 '프쉬케'가 여기서는 "영"
으로 번역되었다.

소녀의 육신은 살아났고, 영혼은 구원을 얻었다.
죽음을 이긴 기적은 최고의 기적이다.
기적을 넘어선, 기적의 기적이다.

누가복음 8장의 순차적인 기록을 살펴보면 예수님의 의도가
읽힌다. 광풍이 내리치는 호수를 잠잠케 하신 다음, 거라사
광인의 몸속에 있던 군대처럼 많은 귀신을 내쫓으시고, 열두
해 동안 혈루증을 앓던 여인을 치료하신다. 그리고 야이로의
딸을 살리신다.

그는 자신이 바람과 파도에게 명하여 순종케 하는 자연 만물
의 주인이며, 귀신과 영적인 세계를 주장할 뿐만 아니라, 병을
고치고 나아가 죽음까지도 다스리는 하나님이심을 스스로

방증한다.

소녀의 소생은 그 절정에 자리하고 있다. 물론 소녀의 소생과 예수 그리스도의 부활은 다르다. 그러나 이 장면은 인류 전체의 죽음과 부활에 대한 거대한 메타포이기도 하다. 아이의 소생은 과도하게 의미를 확장할 필요는 없지만, 종말론적 부활을 상징한다고 여기는 것이 매력적이긴 하다.

비록 소녀는 죽었지만, 잠자는 것이 영원하지 않은 것처럼 그녀의 죽음도 영원하지 않다. 마찬가지로 이 땅에서 죽음을 맞이하게 될 우리도, 언젠가 그리스도께서 일어나라 깨우실 때 다시 살아 일어나게 될 것이다.

주제 사라마구Jose Saramago의 소설 《죽음의 중지》는 어느 날 갑작스럽게 죽음이 중지된 세상의 혼돈을 흥미롭게 그리고 있다. 그러나 죽음의 일시적 중지나 유보는 절대적으로 무의미하다. 우리는 그 날에 보게 될 것이다. 그리스도의 보좌로부터 "죽음이 영원히 죽었다" 선언되는 것을. 또한 그 날에 우리는 그리스도의 손에 이끌리어 일어나게 될 것이다.

새로운 생명을 호흡하며.
그 영원한 생명을 노래하며.

예수전

6

소
년

소
년

그 작고 거친 음식들
그 조그만 손과 발로
총총히 너는 내게로 왔지

다섯 덩이의 떡과 두 마리의 물고기
그것이 네가 가진 전부였지만

내게 손 내밀었었지 너의 것 내밀었지
작은 것 나눌 때 큰 것이 되는 신비

너로부터 시작되었지
너의 작은 드림으로
많은 사람 먹이는 이 놀라운 기적

시작, 작은

하버드의 지성 하비 콕스Harvey Cox는 "예수는 사람들을 둘로 나누는 이"라고 표현했다. 무릎을 치게 만드는 지적이 아닐 수 없다. 이는 다양한 층위의 해석을 가능케 한다.

그를 믿는 이와 믿지 않는 이.
그의 말을 듣는 이와 그의 말을 따르는 이.
세상의 법칙을 따르며 사는 이와
예수의 법칙을 따르며 사는 이.
크고 넓은 길을 걷는 이와
좁고 험한 길을 걷는 이.
높은 곳을 향하는 이와 낮은 곳을 향하는 이.
모으고 쌓으며 사는 이와 비우고 나누며 사는 이.

우리는 그 어디쯤에서 방황하고 있다. 산상수훈의 가르침은 모든 사람을 위한 것이 아니라던 로핑크Gerhard Lohfink의 지적이 이해가 가는 지점이다. 예수 그리스도의 말씀과 삶은 애초에 모두가 따를 수 있는 성질의 것이 아니며, 늘 우리에게 괴롭고도 불편한 선택을 강요한다. 때문에 우리의 말과 우리의 행동은 분열되기 십상이다.

우리는 예수를 믿고 따른다 말은 하면서도 실상 예수를 믿고 따르는 것이 아닐 수도 있다. "나는 크리스천입니다"라고 말하는 이가 있는가 하면 "그는 크리스천입니다"라고 불리는 이가 있는 것처럼 말이다. 우리는 스스로를 크리스천이라 규정하지만 사실은 우리 자신이 크리스천이 아닐 수도 있다.

무서운 일이다.

영생을 얻고 싶어 예수께 나아왔으되 가진 것을 다 팔아 가난한 자들에게 주고 나를 따르라는 예수님의 말씀에 근심하며 돌아간 부자 청년처럼 말이다. 우리는 예수의 말씀을 우리의 기호와 취향으로 분류하고, 나의 형편과 처치를 기준으로 삼아 내 입맛에 맞추어 편집한다.

이건 지키고, 저건 도저히 못 지키겠다고 내가 판단하고 선택한다.

우리는 정말로 크리스천인 것일까

예수님의 말과 행동과 사건을 기록한 사복음서 모두 빠뜨리지 않고 공통으로 기록한 사건은 13가지에 불과하다. 그중 초자연적 기적을 일으킨 사건은 '오병이어'가 유일하다. 그만큼 인상적인 사건이었을 것이다.

성경에 안 중요한 게 어디 있겠냐마는, 그 옛날 선조들이 홍해가 갈라지는 것을 잊을 수 없었던 것처럼 이 장면은 민중들에게 특히 잊을 수 없는 강렬한 기억으로 남았을 것이 분명하다. 그 자리에 있었던 사람들의 숫자와 규모를 생각할 때 입소문을 통한 직간접적인 증언 전파의 파급력은 엄청났을 것이다.

예수의 말씀을 들으러 엄청난 인파가 모였다.
그런데 먹을 것이 없다.
예수님은 제자들에게 묻는다.
세리인 마태도 있었을 텐데
빌립은 셈이 빠른 대답을 내놓는다.

예수전

> 빌립이 대답하되 각 사람으로 조금씩 받게 할찌라도 이백 데
> 나리온의 떡이 부족하리이다 _요한복음 6:7

이때 안드레가 한 아이를 데려온다. 오병이어를 누가 드렸느
냐에 대해 마태, 마가, 누가가 기록한 공관복음에는 언급이
전혀 없는데, 요한복음만이 먹을 것을 가져온 아이의 존재를
밝힌다. 당시 부자들이 밀로 만든 빵을 먹었던 것을 생각한
다면, 보리떡을 가져온 소년은 필시 가난한 집 아이임에 분명
하다. 소년의 작고 거친 도시락을 받아 예수께 내밀면서도 안
드레는 여전히 확신이 없다.

> 여기 한 아이가 있어 보리떡 다섯 개와 물고기 두 마리를 가
> 졌나이다 그러나 그것이 이 많은 사람에게 얼마나 되겠삽나
> 이까 _요한복음 6:9

제자들은 말과 계산이 많았지만, 아이는 말없는 헌신과 계산
없는 믿음으로 그저 예수께 나아왔다. 도시락은 예수님의 손

에 드려졌다. 아이의 작고 초라한 도시락이
크고 영광된 분의 손에 들려졌다.

그분은 큰 것을 크게 보지 않으시고,
작은 것을 작다 여기지 않으신다.
내가 가장 닮고픈 부분이다.

◆

예수께서 떡을 가져 축사하신 후에 앉은
자들에게 나눠 주시고 _요한복음 6:11

들고
감사하고
떼어 나누어 주었다.

이 성스러운 행위는 성찬의 순서와 동일하
다. 이는 성찬의 상징이자 성찬의 원형이 되
었으리라 짐작하지 않을 수 없다. 나눔은
가장 성스러운 것이다. 아이는 자신의 먹을

소년 최주은 作

것을 나누었고, 이를 받으신 예수께서는 자신의 살과 피를 나누셨다. 아이는 양식을 나누었고, 그리스도는 생명을 나누어 주셨다.

나눔이란 늘 작은 데서 시작된다.
가난한 작은 아이로부터
가장 큰, 가장 거룩한 나눔이 시작되었다.

모든, 어떤

자, 그럼 도대체 그 많은 사람들에게 그 작은 음식을 어떻게 나누었을지 생각해본 적이 있는가? 성경의 다른 모든 기적은 블록버스터 영화의 스케일과 컴퓨터 그래픽 특수 효과 장면들을 빌어 그럭저럭 상상해낼 수 있다. 노아의 방주도, 홍해를 가르는 장면도, 요나와 큰 물고기도, 폭풍우를 잠잠케 하시는 장면도 말이다. 죽은 나사로를 살리고, 귀신을 내쫓고, 소경의 눈을 뜨게 하는 것도 충분히 상상이 가능하다.

그러나 오병이어의 현장은 도무지 상상이 가지 않는 대목이다. 성경에서 명시하는 5천 명은 당시 관례라면 성인 남자만을 계수한 것이다. 그렇기 때문에 여자와 아이들까지 생각한다면 현장의 전체 인원은 최소한 만 명 이상이었을 것이다. 음식을 나누는 데 걸리는 시간은 1인당 3초만 치더라도 대략 8시간이다. 12명의 제자를 시켜 나누게 하더라도 떡과 물고기 2종이므로 2시간 이상은 걸린다.

마태복음에 따르면 제자들이 음식을 나누기 전, 이미 날이 저물기 시작했고 떡과 물고기를 다 먹고 예수께서 기도하러 산에 올라가실 때 날은 완전히 저물었다. 이 시간은 한두 시간에 불과했을 것이다. 그사이에 어떻게 이들에게 나누고 배불리 먹고 남은 음식을 거두기까지 했을까. 나의 의문은 꼬리에 꼬리를 문다.

우선 제자들에게 떡과 물고기를 나누는 과정부터 쉽지 않다. 떡이야 비슷한 크기로 나눈다 해도, 물고기는 한 마리당 6등분을 하면 부위가 다 다르지 않겠는가. 누구는 머리, 누구는 몸통, 누구는 꼬리만 먹어야 하나? 아니면 예수님께서 나누는 순간 머리만 떼어도 몸통과 꼬리가 온전한 물고기가 된 걸까? 떡을 떼서 나눠주면 떨어져나간 만큼 그 자리에 새로 떡이 돋아나는 걸까? 제자들이 한 명 한 명 일일이 떼서 나누어 주었을까? 아니면 제자들이 일일이 나누지 않아도 예수님이 축사하시는 순간 사람들의 손에 이미 음식이 들려져 있었을까? 제자들이 나누러 다니는 동안 그들의 바구니에 뭉게뭉게 음식들이 불어나 있었을까? 아주 작은 조각을 받았는데 사람들의 손에서 쑤욱 커졌을까? 아니면 아주 작은 부스러기만 받아먹었을 뿐인데 우주 식량처럼 배에서 포만감을 느끼게 된 걸까?

아, 나는 내 이름처럼 호기심이 충만하다.

"나는 이해하기 위해 믿는다"(Credo Ut Intelligum).
위대한 안셀름Anselm의 고백이다.

믿기 힘든 초자연적 기적을 대하는 우리 모두의 기본적 자세여야 한다. 나 역시 믿음으로 이 모두를 이해해내고 싶다. 나처럼 기적을 곧이곧대로 받아들이기가 쉽지 않은 현대 신학자들은 이를 설명하기 위해 머리를 싸맨다.

그렇게나 많은 사람들이 모였는데 아무도 먹을 것이 없다는 것이 말이 되나. 실제로 사람들이 저마다 먹을 것을 조금씩 가지고 있었는데 사람이 하도 많아 꺼낼 엄두를 내지 못하고 나중에 혼자 먹으려고 아껴두었다가, 어린 아이가 제 것을 아낌없이 내놓는 모습에 감복하여 너도나도 자기 것을 내놓게 되었다는 설명은 그나마 일리가 있다.

그분의 말씀과 행함은 사람들의 마음을 움직이고, 손발을 움직이게 한다. 작은 아이의 헌신은 어른들을 부끄럽게 했고, 또 다른 헌신과 나눔을 이끌어낸다. 물론 이 날의 사건은 사람들의 나눔 없이 전적으로 예수님의 기적만으로 이루어졌을 수도 있다. 사람들이 자신들의 먹을 것을 조금씩 꺼내놓지 않았더라도 그분의 능력만으로 그곳의 모든 이가 먹고도 남았을 것이다.

그러나 상상해보라.

그들의 눈앞에 놀라운 기적이 일어난다. 그 작은 소년의 도시락이 엄청난 양으로 불어나 사람들의 손과 입으로 나눠지고 있는 것이다. 예수님의 성찬과도 같은 거룩한 나눔 앞에서, 각자의 주머니에서 슬그머니 음식이 나오기 시작한다. 늘 먹을 것이 넉넉지 못한 탓에 자신의 것을 아껴두고 쉽사리 꺼내놓지 못하던 이들이 기꺼이 자신의 것을 나누기 시작한다.

나눔과 기적은 더불어 어우러진다.
하늘과 땅이 만나고, 하나님과 사람이 만난다.
예수 그리스도의 기적은 사람들의 나눔을 만나,

더욱 풍성해진다.

음식의 양은 더 많아졌고
그들 모두 배불리 먹고도 남았다.

예수전

지금 내가 늘어놓는 이야기가 혹 불편한가? 이런 인간적 개입이 하나님의 기적과 능력을 축소시키는 것 같아 염려스러운가? 그러나 우리의 영적 상상력이 최소한 이 정도는 되어야 하지 않나?

하나님은 모든 것을 혼자 하실 수 있는 분이지만,
동시에 모든 것을 우리와 함께하길 원하신다.
그분의 능력이 닿지 않는 곳이 없지만,
그분은 우리의 손과 발이 곳곳에 닿기를 원하신다.

그리하여, 결국 열두 광주리가 남게 되었다.

지금 이 시간에, 이 빈 들에서, 어디 가서 먹을 것을 구하냐던 이들이 배불리 먹고도 음식이 남았다. 하나님의 말씀을 듣고 행하는 우리가 누리는 가장 큰 축복은, 그 말씀으로 우리가 하나님의 거룩한 일에 동역하게 되는 영광을 누리게 된다는 것이다.

실제로 이들은 사흘이나 굶은 가난한 사람들이다. 나눌 것이 없는, 가장 가난하고 없이 사는 사람들이 나눔의 기적을 체험했다. 첫째, 하나님의 아들, 예수 그리스도께서 직접 나눠주시는 기적. 둘째, 자신과 별 다를 바 없는 처지의 이웃으로부터 나눔을 받은 감사의 기적. 셋째, 아주 작은 것일지라도 스스로 자신이 가진 것을 주변과 나누는 기적. 이것이 그 자리에 있던 이스라엘 민중들의 머리와 가슴과 손에 깊이 남겨졌다.

나눔의 기적이 일어나는 현장에
교만하고 탐욕스러운 사람은 결코 있을 수 없다.
그랬다면 음식이 남았을 리 없다.

마이스터 에크하르트Master Eckhart는 말한다.
"'내' 빵이란 없다. 모든 빵은 '우리' 것으로 내게 주어진 것이다. 나를 통해 다른 이들에게, 다른 이들을 통해 내게 주어진 것이다."

그들은 그 빈 들에서 나눔의 놀라움을 보았다.
나눔 받는 것만큼이나 큰 나누는 행복을 맛보았다.
나눔의 최고 수혜자는 언제나 '나누는 자' 본인이다.

예수전

개인적으로 가장 명예롭게 생각하는 나의 직책은 목사도, 교수도, 가수도, 작가도 아닌 '기아대책 홍보대사'이다. 나의 두 아들 뿐만 아니라 이 땅 곳곳에 있는 가난한 아이들의 아빠가 되어주는 자리다. 몇 해 전, 기아대책의 홍보대사들이 자신들의 재능을 나누며, 배고픈 아이들을 위한 자선 음반의 프로듀서를 맡았을 때 만든 노래다.

저의 식탁으로 오세요
차린 건 적지만 가난한 마음 그거면 충분하죠
저의 식탁으로 오세요
가진 것 적지만 한 줌의 희망 그거면 넉넉하죠

눈물로 품은 아이들 가슴으로 낳은 아이들
저기 낮은 곳으로 거기 예수께서 계신 곳으로

떡과 복음, 이 아름다운 식탁으로
나눌수록 넘치는 사랑의 신비
낮은 자가 높임 받고 약한 자가 힘을 얻는
이 행복한 만찬으로 우리 함께

한 숟가락의 밥이 되고 한 숟가락의 생명 되기를

〈행복의 만찬〉_민호기

전 세계 인구는 70억인데, 전 세계 곡물 생산량은 120억 분이
다. 그런데도 세계의 절반이 굶주린다. 지금 이 순간에도 하
루에 10만 명, 5초에 1명의 어린이가 굶어 죽는다. 먹을 것이
없어 생명을 잃는다.

결국 문제는, 나눔이다.
결국 해답도, 나눔이다.

하나님은 '어떤' 사람이 아닌 '모든' 사람을 구하러 오셨다.
반대로 우리는 '모든' 사람을 구할 수는 없다.
그러나 우리는 '어떤' 사람을 구할 수는 있다.

오병이어의 기적은 현대에도 유효하다. 몇 해 전, 찬미워십 가
족들과 함께 아프리카의 낯선 나라 '부르키나 파소'에서 사역
하시는 선교사님을 위해 헌금을 했다. 37만 원이 모였고, 기
아대책을 통해 선교사님께 전달되었다. 사실 그 금액은 스무

명 남짓한 우리 단원들이 고기집에 가서 회식 한 번 할 수 있을 정도에 불과할 것이다.

그런데 그 돈이 부르키나 파소에 전해져 마을 주민 1,000명을 먹였다고 한다. 그 돈으로 떡과 고기를 사서 온 마을이 잔치를 벌였단다. 오병이어의 기적은 지금도 진행 중이다.

사과 속에 씨앗은 서너 개다.
그러나 씨앗 속 사과의 수는 가늠할 수가 없다.

예수께서는 소년을 통해 나눔의 씨앗을 사람들의 마음속에 심어 놓으셨고, 그 열매는 지금도 무럭무럭 자라나고 있다. 모든 시작은 작고 미약하다. 그러나 하나님이 개입하시면 달라진다.

GOOD - GOD = O
O + GOD = GOOD

언어유희처럼 보이는 이 공식은 실로 위대하다. 아무리 크고 좋은 일이라도 하나님이 관여치 않으시면 그것은 작고 의미없는 일이다. 아무리 하찮은 일이라도 하나님이 관여하시면 그것은 가장 멋지고 위대한 일이다.

작은 일이 커지는 비결은 나눔이다.
큰 것도 작게 보는 비결은 겸손이다.

하나님의 일에 동참하고 싶지 않은가? 가난한 마음으로 시작하고, 나눔으로 끝맺으라. 동시에 기억하라. 진정 가난한 마음으로 나누지 않으면 나눔도 독이 될 수 있다는 것을. 나눔받는 이를 무기력하고 의존적인 존재로 만들기도 하고, 나누는 이를 우월하게 만들거나, 약간의 기부만으로 이 기울어진 세상에서 싸구려 면책권을 부여받게도 한다.

"진정한 나눔은 적선이나 자선이 아니라 적선과 자선이 없는 세상을 만드는 일이다. 나눔은 '불쌍한 사람'과 그 불쌍한 사람을 돕는 '훌륭한 사람'으로 역할을 나누어서 벌이는 우스꽝스러운 쇼가 아니라, 누구든 제 능력과 개성에 맞추어 정직하게 일하는 것만으로 사람으로서 최소한의 품위와 자존심을

유지하며 살아가는 사회를 만들어가는 노력이다.”
김규항의 《예수전》에 나오는 한 구절이다.

나눔과 기부는 본디 선하고 아름다운 것이지만, 동시에 나눔을 베푸는 이와 나눔을 받는 이의 격차를 더욱 실감케 한다.

“모두가 더 잘 살기를 바라는 한 우리 사회엔 미래가 없어요. ‘더불어 가난한 사회’만이 살길입니다.”
제주 강정마을을 지키던 문정현 신부의 말씀에 마음이 쿵하고 내려앉는다.

더불어 가난한 사회라니.
모두가 부자가 되기를 꿈꾸고,
교회조차 예수의 이름으로 물질의 축복을 기원하는 시대에
이건 아예 모든 걸 버려두고 나를 따르라 하신
예수님의 부르심처럼 비현실적인 얘기 아닌가.

이 자본주의 시대에서 더 잘 살기를 포기하고 더불어 가난하
라니.

이십대의 나라면 열광했을 가르침 앞에, 지금의 나는 주춤하
고 만다. 내 품 안에 있는 작은 도시락을 움켜쥔 채 깊은 고민
에 빠진다.

소년처럼 선뜻 주님 앞에 내어드릴 순 없는가.
아이만도 못한 겨우 그런 존재인가.

나는 점점 작아지고 있다.

예수전

7호수

예 수 님 의 삶 을 그 리 는 나 의 노 래

호
수

호수는 고요하네
호수는 잠잠하네

호수는 물결치네
호수는 일렁이네

호수는 요동치네
호수는 울부짖네

잠잠하라 고요하라
네 깊은 곳처럼 잠잠하라

호수는 고요하네
호수는 잠잠하네

고요

나이 마흔은 불혹不惑이라는데, 마흔을 훌쩍 넘기고도 여전히 흔들리는 존재임을 고백하지 않을 수 없다.

허나 몇 가지 달라진 점이 있다.

그중에 가장 대표적인 것이 있다면 '해피엔딩'에 관심이 없어졌다는 거다. 책을 읽어도, 영화를 봐도 "그래서 둘이 오래오래 행복하게 살았대요" 류의 행복한 결말이 시시하게 느껴진다. 그다음에 그들에게 들이닥칠 현실이 오히려 궁금해진다고나 할까.

온갖 우여곡절 끝에 성사된 커플이 17년 뒤 이혼 법정에 서 있는 모습이라든지, 최악의 적들을 물리치며 온갖 위험을 돌파해내고 수많은 인명을 구해낸 천하무적 주인공이 어이없이 뇌졸중으로 쓰러져 반신불수 신세가 된다든지, 벼랑 끝의 상황에서 고난과 역경을 딛고 끝내 성공의 왕좌에 올라 부富와 명예를 모두 거머쥔 남부러울 것 없던 이에게 하나뿐인 아들이 교통사고로 사망했다는 비보가 날아든다든지 하는 극단적인 상상 말이다.

그러나 이것은 극단적이지만 철저히 현실적이다. 이건 누구에게나 일어날 수 있는 일이고 당연히 나와 당신도 예외가 아니다. 예수를 잘 믿고 예배도 잘 드리고 신앙생활을 잘 한다 해서 예외가 될 수 없다.

우리가 이제껏 '잘' 해온 모든 것이 어느 순간 아무 도움이 되지 않는다. 일상의 균열은 예기치 않는 순간에, 뜻밖의 곳에서, 조용하고 사소하게 시작된다. 그리고 우리의 삶을 처참하게 망가뜨려버린다. 쌓아올리는 데 걸린 시간과 노력이 허망하기 짝이 없을 만큼 삽시간에 모든 것을 무너뜨린다. 우리가 견고히 서 있던 삶의 기초나 안정감이라는 것이 얼마나 보잘것없는 것인지 증명이라도 하듯이 한순간에 무너져 내린다.

지난 시대의 고전들을 재해석하고 복원한 앨범 〈오래된 복음〉을 녹음하며 타이틀곡으로 '내일 일은 난 몰라요'를 선곡했다. 아이라 스탠필Ira F. Stanphill이 만든 노래에 《죽으면 죽으리라》로 널리 알려진 안이숙 여사가 의역한(재창조에 다름 아닌) 가사로, 가장 한국적인 애환과 절절함을 담아낸 노래다.

내일 일은 난 몰라요 하루 하루 살아요
불행이나 요행함도 내 뜻대로 못해요
험한 이 길 가고 가도 끝은 없고 곤해요
주님 예수 팔 내미사 내 손 잡아주소서
내일 일은 난 몰라요 장래 일도 몰라요
아버지여 날 붙드사 평탄한 길 주옵소서

예배 현장에서 이 찬송을 부르노라면 시작하기가 무섭게 노 권사님들과 여 집사님들이 먼저 눈물을 쏟는다. 뒤따라 무뚝뚝해 보이는 목사님, 장로님마저 연신 눈가를 훔치신다. 저마다의 사연으로 불행과 요행을 겪으며 험한 길을 걸어왔기 때문이다.

결국 우리 모두는 내일을 알 수 없는 존재들이고, 누구든 그저 하루하루를 살아갈 뿐이다. 이 노래의 뮤직비디오를 샌드 아트Sand Art 기법으로 제작했다(유튜브에서 내일 일은 난 몰라요 샌드 아트 MV를 검색해보세요). 말 그대로 모래 위에 그림을 그리고 지울 때마다 샌드 아티스트의 손끝에서 길도 생기고 꽃도 피어나고 새도 날아가고 별도 총총히 박힌다. 그러다 이 멋진 장면을 손으로 한번 슥 밀어버리면 모든 게 사라져버린다. 아깝기 그지없지만 나는 이 장면들이 마치 우리의 인생 같다고 느꼈다.

하나님의 손은 샌드 아티스트의 손처럼 우리의 삶을 쓰고 지운다. 모으고 흩어버린다. 우리가 악착같이 매달려온 모든 것은 모래 그림 같아서 하나님의 입김 한 번에도 날아가버릴 만큼 허약하다.

그러나!
나는 염세주의 비관론자가 아니다.

역으로 생각해보면, 아무것도 없이 모래 바람만 날리는 황무지 같은 우리의 인생에 하나님의 손길이 스칠 때, 우리에게 새 길이 펼쳐질 것이다. 우리의 삶은 꽃처럼 피어나게 될 것이다.

밤하늘의 별처럼 반짝이게 될 것이다. 이혼한 커플에게도, 반신불수가 된 히어로에게도, 아들을 잃은 사업가에게도 또 다른 희망과 가능성은 찾아든다.

인생이란 해피엔딩도 새드엔딩도 아니며
삶은 그저 계속될 뿐이기에.

인생의 가장 큰 특징을 한마디로 표현하라면 그것은 '불확정성'이다. 삶이란 변수와 변수의 만남과 연속이다. 끊임없이 예측 불가능한 일이 생기고 예외 상황이 발생한다. 인생의 호수는 잔잔하고 고요하다가도, 바람이 불면 일렁이고 물결도 친다. 누군가 돌을 던지면 파문이 일고, 폭풍이 몰아치면 요동치고 울부짖는다.

그러다 이내 다시 잠잠해진다. 언제 그런 일이 있었냐는 듯 시치미를 떼고 내내 고요하기만 하다. 그러다 다시 또 조용히 일렁이기 시작한다. 이것의 끊임없는 반복일 뿐인 인생이다.

예수전

좋았다 나빴다 불규칙적으로 오고 간다. 그러나 이 불확실하지만 끊임없는 반복이야말로 우리 인생에게 주신 하나님의 최고의 축복이다.

◆

하나님이 지으신 그 모든 것을 보시니 보시기에 심히 좋았더라 저녁이 되며 아침이 되니 이는 여섯째 날이니라 _창세기 1:31

내가 꼽는 성경에서 가장 아름다운 구절은 바로 이것이다.

"저녁이 되며 아침이 되니"

이 구절은 구약을 시작하는 창세기 1장에 "하나님이 보시기에 좋았더라"와 더불어 여섯 번 반복된다. 아름답지 아니한가. 저녁이 되며 아침이 되는, 아침이 되며 저녁이 되는 일상의 신비란. 신약을 시작하는 마태복음 1장은 "낳고"가 40회 반복된다. 태어나고 죽고 또 태어나는 생명의 연속성이 예수 그리스도의 족보를 찬란하게 한다.

어쩌면 하나님이 우리에게 주신 최고의 축복은
'다음'이 있다는 것인지도 모른다.
넘어져도 다시 일어설 다음,
울고 있지만 다시 웃을 수 있는 다음,
놓쳐버렸지만 다시 잡을 수 있는 다음,
끝났다 생각했지만 다시 시작되는 다음 말이다.

잠깐의 승리에 도취되지 않고 당장의 실패에 무릎 꿇지
않는다면 반드시 '다음'은 찾아온다. 반복과 순환의 일상

예수전

성과 영원성이란 그리 특별한 것이 아니다. 보통의 날들이 계속되고 평범한 일상이 이어지는 것이 어쩌면 가장 큰 행복이다.

오래된 가족사진을 들여다보고 있노라면, 지금의 별 볼일 없는 일상이 먼 훗날의 언젠가 가장 소중한 순간으로 변해 있을 거란 확신이 찾아든다. 세월호 유가족들을 위해 노래하는 자리에서 만난 한 어머니가 자신의 소원에 대해 이렇게 말했다. 사고 이전에 그렇게 귀찮고 하기 싫었던, 매일같이 장을 보고 때마다 아이의 밥상을 차리는, 당연했던 그 일이 지금 자신에게는 생명과 맞바꿔서라도 꼭 하고 싶은 일이라고.

"기적은 하늘을 날거나 바다 위를 걷는 것이 아니라 땅에서 걸어 다니는 것이다"라는 중국 속담을 떠올려본다. 예수 그리스도는 생을 통틀어 단 한 번 하늘을 날아 승천하셨고, 단 한번 바다를 걸으셨다. 그러나 그 외 모든 순간 땅 위를 걸어 다니셨다.

일상을 산다는 건 이런 것이다. 예수님은 기적보다 더 많은 순간, 일상을 사셨다. 땅 위를 걸어서 사람을 만나고, 하루의 끼니, 그 일용할 양식에 자족하고, 아픈 이들을 응시하며 손 잡아주었고, 머리 둘 곳 없고 정처 없이 거친 곳에 몸을 뉘어 잠을 청했다. 예수와 그를 따르는 제자들에게도 먹고사는 일은 실존적인 문제로 때마다 들이닥쳤다.

일상이란, 당연하지만 기적적이고,
평온하지만 공포스러우며,
쉽지만 가장 어려운 것이기도 하기에 그렇다.

김훈의 《칼의 노래》 한 페이지는 늘 나에게 날을 세우게 한다.
"끼니는 어김없이 돌아왔다. 지나간 모든 끼니는 닥쳐올 단 한 끼니 앞에서 무효였다. 먹은 끼니나 먹지 못한 끼니나, 지나간 끼니는 닥쳐올 끼니를 해결할 수 없었다. 끼니는 시간과도 같았다. 무수한 끼니들이 대열을 지어 다가오고 있었지만, 지나간 모든 끼니들은 단절되어 있었다. 굶더라도, 다가오는 끼니를 피할 수는 없었다. 끼니는 파도처럼 정확하고 쉴 새 없이 밀려닥쳤다. 끼니를 건너뛰어 앞당길 수도 없었고 옆으로 밀쳐낼 수도 없었다. 끼니는 새로운 시간의 밀물로 달려드는 것이어서 사람이 거기에 개입할 수 없었다. 먹든 굶든 간에,

다만 속수무책의 몸을 내맡길 뿐이었다. 끼니는 칼로 베어지지 않았고 총포로 조준되지 않았다."

예수께도 그러했던 것처럼 하물며 인간의 몸을 담고 사는 모든 시간 동안, 우리는 끼니로 대표되는 일상의 굴레를 피할 수 없다. 그런 의미에서 곰곰이 생각해보면 삶이란 '경주'가 아니라 '순간의 합'이다.

어린 시절에 가장 많이 들었던 격언은 다름 아닌 "인생은 마라톤"이라는 것이었다. 단거리 경주가 아니니 속도와 경쟁에 함몰되지 말고 꾸준히 너의 길을 가라는 의미에서 훌륭한 메타포임에 분명해 보이지만, 단거리든 장거리든 경주는 경주다. 인생을 경주에 비유하는 것의 가장 큰 오류가 있다면, 최종 목표는 곧 죽음이라는 것이다. 그런데 죽음을 목표로 내달리는 것은 말이 안 된다. 죽기 위해 사는 이는 아무도 없다.

예수 그리스도 한 분 외에.

인생이란 최종 결과물이 아니며 오히려 매 순간 어떻게 살았느냐로 가늠되어야 한다. 굳이 비유를 해야 한다면 나는 "인생은 산책"이라 해야 더 맞는다고 본다.

산책은 건강해지려고 행복해지려고 가는 것이다.
사랑하는 이들, 함께 가는 이들과 대화도 하고,
기분 전환도 하고, 새 힘도 얻고,
좋은 풍경도 보고, 뜻밖의 만남도 가진다.

하나님이 우리를 지으신 애초의 목적은 '좋으시려고'였다. 하나님은 인간을 지으시자마자 "보시기에 심히 좋았더라"(It was very good) 감탄하셨다. 즉 우리의 존재 자체가 하나님의 목적이라는 말이다. 태어나서 뭔가 목표를 이루고 경주를 마치는 것이 우리 인생의 목적이 아니다. 우리는 우리의 의지가 아닌 하나님의 섭리 속에 이 땅에 보내졌고, 무언가를 하고 이루기보다는 먹고 자고 놀고 살고 사랑하고 행복하기 위해 존재한다.

'목적'보다 중요한 건 언제나 '존재' 자체여야 한다.

예수전

'목적이 이끄는 삶'이 아니라 이미 이룬 목적을 더 아름답게 이어가는 삶이라 해야 옳다. 목적 없이 무작정 되는 대로 흘러가라는 이야기가 아니라는 것쯤은 이해하리라 믿는다. 하나님은 목적보다 '존재'를 위해 세상을 만드셨는데, 어느 순간 인간은 존재보다 목적을 중요시하는 세상으로 만들고 있다. 목적에 부합하지 않는 존재를 가벼이 여기고 쓸모없는 취급을 하는 덕에 우리는 불행해진다.

산책이 경주와 가장 다른 점은,
어김없이 집으로 돌아온다는 데 있다.
산책은 갈 수 있는 만큼 가고
힘에 부치면 되돌아오면 된다.
내일 또 나가면 되니까.

산책하는 이는 어디를 갔느냐보다
가면서 뭘 했느냐에 더 관심이 많다.
얼마나 멀리까지 갔느냐보다
오가는 길에
무얼 보고 듣고 맛보고 느꼈는지에 마음을 둔다.

목표 지점보다 산책길에 불어온 바람과
길가에 피어난 꽃과 만나
웃음을 나눈 사람들이 더 중요하다.
천상병 시인은 이를 '소풍'이라 표현했다.

나 하늘로 돌아가리라
새벽빛 와 닿으면 스러지는
아침 이슬 더불어 손에 손잡고
나 하늘로 돌아가리라

노을빛 함께 단 둘이서
기슭에서 놀다가 구름 손짓하면은
나 하늘로 돌아가리라

이 세상 소풍 끝나는 날
가서 아름다웠다고 말하리라
〈귀천歸天〉_천상병

예수님과 3명의 사역자가 달리기 경주를 했다. 모두가 최선

예수전

을 다해 전력 질주를 한다. 당연히 예수님이 1등을 할 거라는 모두의 예상을 깨고 놀랍게도 주님은 공동 2등을 하셨다. 의외의 결과에 사역자들은 당황했다. 1등 한 이는 주님보다 앞선 것이 마음에 걸렸고, 주님과 동시에 들어온 이나 늦게 들어온 이나 마음이 편치 않은 것은 마찬가지였다.

시상식이 열렸고 또 한 번 예상을 깨는 일이 벌어졌다. 등수에 상관없이, 세 사람 모두에게 똑같은, 그러나 각각 이름이 다른 상이 주어졌다.

1등 주님의 길을 예비하는 자
2등 날마다 주님과 동행하는 자
3등 언제까지나 주님만 따르는 자

믿음의 경주를 달리는 우리 모두에게는 상이 있다. 끝까지 달리기만 한다면 앞서거나 뒤처지는 건 그리 중요한 문제가 아니다. 일의 경중이나 크고 작음도 마찬가지다. 인생이 만약에 경주라면, 순위를 매기는 경주가 아님에 분명하다. 우리의 삶은 완주를 목표로 하는 경주다. 경주자가 중요하지 결과나 상의 많고 적음도 중요하지 않다.

우리는 우리가 서 있는 자리에서,
우리가 섬기는 그 일에서,
우리가 달려가는 그 모습으로
이미 하나님의 기쁨이요 자랑의 면류관이므로.

또한 인생이 경주라면, 그 목표는 오직 예수 그리스도 한 분밖에 없다.

　◆

내가 이미 얻었다 함도 아니요 온전히 이루었다 함도 아니라 오직 내가 그리스도 예수께 잡힌바 된 그것을 잡으려고 좇아 가노라 형제들아 나는 아직 내가 잡은 줄로 여기지 아니하

예수전

고 오직 한 일 즉 뒤에 있는 것은 잊어버리고 앞에 있는 것을
잡으려고 푯대를 향하여 그리스도 예수 안에서 하나님이 위
에서 부르신 부름의 상을 위하여 좇아가노라 _빌립보서 3:12-14

♦

이러므로 우리에게 구름같이 둘러싼 허다한 증인들이 있으니
모든 무거운 것과 얽매이기 쉬운 죄를 벗어버리고 인내로써
우리 앞에 당한 경주를 경주하며 믿음의 주요 또 온전케 하
시는 이인 예수를 바라보자 저는 그 앞에 있는 즐거움을 위
하여 십자가를 참으사 부끄러움을 개의치 아니하시더니 하
나님 보좌 우편에 앉으셨느니라 _히브리서 12:1,2

물결

갈릴리 호수는 예수의 기적과 말씀이 물결치는 곳이다.

'갈릴리'라는 말은 "반지" 또는 "원형"이라는 뜻인데, 이는 사
방의 산지 둘레에 성읍 또는 바다가 있었기 때문인 듯하다.

디베랴, 벳새다, 가버나움, 막달라, 고라신 등의 여러 성읍이 호수를 둘러싸고 있다.

예루살렘 북쪽 약 96킬로미터 지점의 갈릴리 지방 동편에 있는 팔레스타인 최대의 담수호이며, 헤르몬산과 레바논산의 만년설이 녹아내린 깨끗한 물로 가득한 갈릴리 바다는 투명한 감청색을 띠고 있다.

남북의 길이가 약 20.8킬로미터, 동서의 가장 넓은 폭이 약 12.8킬로미터이며, 해면은 지중해면보다 210미터가량이 낮다. 수심은 얕은 곳이 25미터, 깊은 곳은 228미터에 이른다. 이 정도의 규모이다보니 바다로 불리는 것이 무리가 아니다.

구약 시대의 명칭은 '긴네렛 바다'(민 34:11) 또는 '긴네롯 바다'(수 12:3)였고, 신약 시대의 또 다른 명칭은 '디베랴 바다'(요 6:1), '게네사렛 호수'(눅 5:1)였다. (오늘날 아라비아인들은 '바하르 타바리에' 즉 디베랴 바다라고 부르고 있다.)

어떤 이는 '바다'라고도 하고 어떤 이는 '호수'라 부르기도 했다. 마태와 요한은 갈릴리 바다라 불렀고, 마가와 누가는 바다라고도 하지만 갈릴리 호수(막 7:31)라고도 했다. 이를 두고 어떤 학자들은 복음서 기자들이 지중해를 본 경험의 유무로 설명하기도 하는데, 진짜 바다를 본 적이 있는 이와 없는 이의 차이가 이 거대한 호수를 바다로도 보고 호수로도 보게 한다는 것이다. 실제로 인생의 경험치에 따라 똑같은 것도 다르게 보인다. 거대한 고난의 바다를 헤쳐 나온 사람에게 웬만한 어려움은 연못쯤으로 보이는 것처럼 말이다.

예수 그리스도의 공생애 초기 활동은 주로 갈릴리 바다를 중심으로 이루어졌는데, 갈릴리 지역에서 행한 24회의 이적 가운데 18회가 이 바다 주변에서 행해졌다. 예수께서는 이 바다에서 베드로, 안드레, 야고보, 요한 네 제자를 부르셨고, 이 바다 위를 걸으셨고, 풍랑을 잔잔케 하셨으며, 이 바다 위에서 일곱 가지 천국 비유를 가르치셨다. 부활 후 예수께서 낙심한 제자들을 찾아오신 곳도 당연스레 이곳이었다.

사방이 산지로 둘러싸인 갈릴리 바다에 때로 협곡에서 생기는 차가운 강풍이 낮은 호수의 따뜻한 수면 위에 불어닥치면 때 아닌 높은 파도가 일 때도 있다. 예수님과 제자들도 바로 이 호수 위에서 폭풍을 만났다.

중요한 포인트는 예수님을 태운 배도 폭풍을 만난다는 사실이다. 게다가 제자들이 가자고 나선 길도 아니고 예수님이 가자고 하신 길이었다. 점입가경, 그냥 폭풍도 아닌 '광풍'이라 불릴 만큼 대규모였고 곧 물이 배에 가득해졌다.

기억하라. 신앙생활 잘 하고 늘 주님의 명령에 순종하며 살아도 고난을 만날 수 있다. 그게 인생이다.

아프리카 격언에 의하면,
인생은 세 가지 중에 하나란다.
폭풍을 앞두고 있거나,
폭풍 속에 있거나,
이제 막 폭풍 속에서 나왔거나.

이 말은 폭풍 없는 인생이란 없다는 것이겠고, 우리 인생은 자주 폭풍 속을 들락거린다. 때문에 폭풍을 피할 수 있다거나 피하는 방법을 이야기하는 것은 전혀 성경적이지 않다. 오히려 교회는 폭풍에 맞서고 대처하는 법을 가르치는 것이 옳다.

호수 위에서 폭풍을 만난 바로 그때, 예수님은 배의 고물에서 베개를 베고 곤히 주무시고 계셨다.

◆

우리의 죽게 된 것을 돌아보지 아니하시나이까 _마가복음 4:38

제자들은 투정하듯 주님을 깨운다. 어쨌든 이것이 해답이긴 하다. 폭풍 같은 인생에서 폭풍을 만나면 예수님을 깨워라. 그다음은 알다시피 간단하다.

부스스 눈을 뜬 예수님의 한마디
"잠잠하라"
그리고 상황 종결.

아마 제자들은 놀라움과 감격에 환호했을 것이다.

호수 홍비앙 作

이렇게 해피엔딩으로 끝났으면 좋았을 텐데,
이어지는 예수님의 질책.

◆

너희가 어찌 믿음이 없느냐 _마가복음 4:40

이 말은 바꾸어 말하자면, "너희가 지금 누구랑 있느냐?"와 같
다. 믿음이란 '인식'이다. 폭풍에 맞서는 가장 간단한 방법
은 바로 예수님과 함께함을 끊임없이 인식하는 것이다.

사람들은 말한다.
"배가 가라앉잖아. 뭐라도 해야지."
우리는 답해야 한다.
"예수님이 가자고 하신 길이잖아.
그냥 주님 곁에 누워서 눈이나 붙이자."
우리와 세상은 그렇게 말이 통하지 않아야 한다.

그러나 사실 이게 진짜 어려운 거다. 이론적으로는 아는데, 어
려움이 닥치면 자꾸 잊어버린다. 그렇기 때문에 쉬지 않고 인

식하고 상기해야 한다. 투정하듯 예수님을 깨우는 것보다 우선시해야 할 것은 주님이 누구이신지, 그리고 주님과 함께 있다는 것을 끊임없이 인식하는 것이다.

어쩌면 고난이 닥쳤을 때 간구의 기도보다 선행되어야 할 것은 주님과의 동행을 확인하는 것이다.

♦

저희가 심히 두려워하여 서로 말하되 저가 뉘기에 바람과 바다라도 순종하는고 하였더라 _마가복음 4:41

제자들은 고백한다. 신학적으로 말하자면, 놀라움에 대한 표현이 찬양적 종결로 끝을 맺고 있다. 웬만한 기적에 좀처럼 놀라움을 표시하지 않던 제자들이 입으로 그분의 크심을 표현하고 만다.

나와 당신의 호수에도 바람이 불어온다.
호수의 표면과 내면은 바람에 다르게 반응한다.
표면은 끊임없이 일렁이지만, 그 깊은 곳은 요동치 않는다.

우리의 표면 역시 자주 변하고 흔들리지만,
우리의 내면은 언제까지라도 잠잠할 수 있기를.
그 침범할 수 없는 고요함, 평안함,
흔들리지 않는 바로 그 영역이 '믿음'이므로.

결국 삶은 믿음으로 사는 것이며,
길은 믿음으로 걷는 것이다.
예수 그리스도를 믿는 믿음으로.
길 되신 예수 그리스도에게로.
예수 그리스도와 함께.

예수전

8 수건

예수님의 삶을 그리는 나의 노래

수
건

허리에 수건을 두르고
팔을 걷어 붙이니
나는 가장 천한 존재가 되네
이 밤에

대야 가득 물을 채우고
무릎을 꿇고 앉으니
나는 가장 낮은 종이 되려네
너에게

발 씻기리 죄 씻기리
너의 모든 눈물 씻기리
몸 씻기리 맘 씻기리
너의 상한 영혼 씻기리

내 너의 종이 되므로
너의 참 주인 되리니

느디님 사람들

근래 성경을 읽으며 새롭게 발견하게 된 예배자들이 있다. 이름도 낯선 그들은 '느디님 사람들'이다.

제사장 레위인 아래서 성전의 잡일을 하며 성전에 속한 한 계급으로 성소에서 봉사하도록 제사장에게 노예로 주어진 자들인데, 이들은 원래 기브온 사람 또는 다른 가나안 부족이었으나 전쟁 포로가 되어 성전에서 봉사하게 되었고(민 31:30,47 ; 수 9:27 ; 스 8:20), 포로 전에는 매우 적었는데 이후 수백 명이 되어(스 2:43-54) 가족 집단을 이루었다. 이들은 지정된 성읍에 살았고, 율법 준수의 계약에 조인하고 안식일 엄수 및 잡혼의 금지 등에 힘썼으며 제사장, 레위인과 한 가지로 세금도 면제(스 7:24)되었다.

"바쳐진 사람", "주어진 자"라는 뜻의 '느디님'에 대해 "성전에 있는 종들"이라는 그나마 고상한 이름 대신 히브리어 직역 성경은 그들을 "성전 막일꾼들"Temple Servants이라고 소개한다. 그들이 하는 일은 청소, 물 길어 나르기, 나무패기, 제기 닦기

등과 같은 예배와 직접적으로 관계가 없어 보이는 하찮은 것
이 대부분이었다.

느디님은 하는 일도, 존재 자체도
말 그대로 '존재감 없는' 존재였다.

더 심하게는 선지자 에스겔의 경우, 이방인이었던 이들을 성전
노예로 채용하는 것을 엄하게 견책하기도 했고(겔 44:7-10),
헤롯 성전에서는 실제로 금지되기도 했다.

그러나 예수께서 오셔서 '노예'와 '종'의 의미에 코페르니쿠스
적 전환을 가져온다.

◆

> 너희 중에는 그렇지 아니하니 너희 중에 누구든지 크고자 하
> 는 자는 너희를 섬기는 자가 되고 너희 중에 누구든지 으뜸
> 이 되고자 하는 자는 너희 종이 되어야 하리라 인자가 온 것
> 은 섬김을 받으려 함이 아니라 도리어 섬기려 하고 자기 목
> 숨을 많은 사람의 대속물로 주려 함이니라 _마태복음 20:26-28

어차피 우리는 애초에 자격 없는 이방인과 같은 존재였다. 그런 우리를 하나님의 자녀로 삼아주신 은혜도 놀랍고 감사한데, 크든 작든 그분의 일을 섬기는 영광을 주심은 얼마나 놀라운가. 때문에 나는 나의 정체성을 재규정하기로 작정했다.

레위인이나 나실인 같은 특권 의식을 버리고
'느디님 사람'이 되기로.
알량한 유명세나 스타십 따위는 고이 접어
십자가 그늘 아래 묻어버리고,
이름 없이 빛도 없이 감사하며 섬기는
느디님이 되기로.
예배의 본질은 '낮아짐'과 '섬김'이므로.

마리아가 옥합을 깨뜨릴 때 쓰여진 '프로스퀴네오'가 신약을 대표하는 예배의 의미로 '엎드림'과 '경배'를 의미한다면, 구약 성경에서 예배에 해당하는 의미로 가장 많이 등장하는 대표적인 단어는 '아바드'이고 그 뜻은 "섬김"이다. 외국에서는 예배 모임을 'Worship'보다 'Service'로 지칭하는 것도 같은 의미이다. (예를 들면 주일예배를 Sunday Worship이 아닌 Sunday

Service로 쓰는 것이 일반적이다. Worship이 '프로스퀴네오'라면 Service는 '아바드'다.)

주와 선생 되신 예수께서 성만찬의 자리에서 발을 씻기신 것이 더 고결하게 여겨지는 이유가 여기 있다. 예배는 사람이 하나님을 섬기는 것인데, 하나님께서 사람을 섬기시는 것 또한 예배인 것이다. 이것은 예배 개념의 확장을 넘어 '예배의 혁명'이라 일컬어 마땅하다.

피터 부르너Peter Brunner에 의하면 예배란, '회중에 대한 하나님의 봉사'와 '하나님께 드리는 회중의 봉사'이다. 폴 훈Paul Hoon이나 존 헉스터블John Huxtable이 하나님의 계시와 성도의 응답의 커뮤니케이션으로 예배를 정의한 것보다 훨씬 더 감동적이다.

우리가 하나님을 섬기는 것은 결코 우리를 섬기시는 하나님을 털끝만큼도 따라갈 수 없다. 엎드림의 예배, '프로스퀴네오'로 자신에게 나아온 예배자들 앞에, '아바드'의 예배로 오히려 더 낮게 섬기시는 예수 그리스도. 믿고 또 따르지 않을 수 없는 주인이시다.

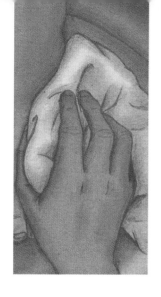

예배의 본질은 섬김이다.
예배는 하나님을 섬기는 것이다.
주께 하듯 몸 된 교회를 섬기는 것이다.
한 몸 이룬 성도를 섬기는 것이다.
이웃을 섬기고 잃어버린 영혼을 섬기는 것이다.
해서 예배자는 본질적으로 섬기는 사람이며,
종의 일은 당연히 낮은 자리에서 섬기는 것이다.

예수전

누가복음에 등장하는 무익한 종은 신실한 느디님 사람의 모범이다.

◈

명한 대로 하였다고 종에게 사례하겠느냐 이와 같이 너희도 명령 받은 것을 다 행한 후에 이르기를 우리는 무익한 종이라 우리의 하여야 할 일을 한 것뿐이라 할찌니라

_누가복음 17:9,10

확인하고 또 확인한다. 하나님 앞에서는 일의 크고 작음이, 자리의 높고 낮음이 존재하지 않는다. 우리는 그저 묵묵히 섬기는 자로 존재할 뿐이다. 강하기에 섬기는 것이 아니라, 섬기기에 강해진다. 섬기면서 우리는 비로소 강해진다. 그것이 예배의 문으로 들어와 보혈로 지성소를 통과한 예배자의 능력이다.

비록 이방인이었지만 구원의 은혜에 감격하여 하나님의 말씀에 순종하고 예배를 섬기며 겸손히 허리에 수건을 두르고 사는 우리는 모두 이 시대의 '느디님'이다.

◆

그 남은 백성과 제사장들과 레위 사람들과 문지기들과 노래
하는 자들과 느디님 사람들과 및 이방 사람과 절교하고 하
나님의 율법을 준행하는 모든 자와 그 아내와 그 자녀들 무
릇 지식과 총명이 있는 자가 다 그 형제 귀인들을 좇아 저주
로 맹세하기를 우리가 하나님의 종 모세로 주신 하나님의 율
법을 좇아 우리 주 여호와의 모든 계명과 규례와 율례를 지
켜 _느헤미야서 10:28,29

거룩한 식탁

성찬식Eucharist이라는 가장 아름다운 의식은, 주의 만찬Lord's
Supper, 거룩한 교통Holy Communion 같은 여러 이름으로 불린다.

의심 많은 도마처럼, 인간은 언제나 경험과 동시에 만질 수 있
는 어떤 것, 즉 물질적이고 실제적인 무언가를 필요로 하는 것
같다. 그것을 보고 만지며 그 의미를 확인하려 든다. 결혼반
지, 메달, 훈장, 십자가, 영웅의 동상, 수많은 종교의 신상들

처럼 말이다.

예배가 영적인 영역에만 속한 것이 아니기에, 우리는 성경에 대한 상상에만 의존하는 대신 실제로 만져보고 물리적으로 체험하기를 끊임없이 갈구한다. 믿음의 육체적 표현이랄까. 그래서 《예수 신경》의 작가 스캇 맥나이트Scot McKnight는 성만찬을 '거룩한 기억의 리듬'이라 했다. 이것을 직접 행하면서 예수 그리스도의 사랑과 은혜를 기억하고 몸과 마음에 되새긴다. 빵과 포도주는 예수 그리스도의 '만질 수 있는 진리'다.

톰 라이트Tom Wright의 말처럼, 예수는 우리에게 구속의 이론을 준 것이 아니라, '그 어떤 이론보다 더 많은 분량을 말해주는 한 번의 식사를 베푸는 행동'을 전해주었다. 그의 찢긴 살과 흘린 피를 기억한다. 우리는 성찬을 통해 예수의 몸과 피 안에서 그의 삶과 죽음에 참여하고, 그와 함께 살고 죽는 예수의 사람이 된다.

사도 바울은 성찬에서 떡과 잔을 나누는 것이 근본적으로 선교 행위임을 선포한다.

◆

너희가 이 떡을 먹으며 이 잔을 마실 때마다 주의 죽으심을
그가 오실 때까지 전하는 것이니라 _고린도전서 11:26

주의 죽으심을 그가 오실 때까지 전하는 것.
성만찬은 복음을 제시하고 선포한다.

성공회 신학자 존 코닉John Koenig은 성만찬이 가진 선교적 능
력을 염두에 두고 쓴 책의 제목을 〈세상 구속을 위한 축제The
Feast Of The World's Redemption〉라고 붙였다. 성만찬은 죽음을 기억
하는Memento Mori, 제의祭儀이며, 동시에 '축제'이다.

성찬은 두 가지의 큰 의미가 있다.
첫째, 함께 먹고 마시고 참여하라.

◆

볼찌어다 내가 문밖에 서서 두드리노니 누구든지 내 음성을
듣고 문을 열면 내가 그에게로 들어가 그로 더불어 먹고 그
는 나로 더불어 먹으리라 _요한계시록 3:20

예수전

주님과 이웃과 더불어 먹고 더불어 사는 것. 이것이야말로 이 땅에 천국을 이루는 그리스도인의 삶의 기초다.

둘째, 서로 섬겨라. 삶과 예배의 기초는 섬김이다. 이것을 어떻게 설명할지 예수 그리스도는 고민하셨을 터이고, 그분은 깜짝 놀랄 이벤트를 준비하신다. 이 거룩한 식탁에서 놀라운 일이 일어난다.

마지막 이벤트

역설적인 상황이 주는 놀라움이 있다.
당혹스러운 상황이 선사하는
신선한 깨달음이 있을 수 있다. 종종.
어린 아들이 툭 던진 말에 무릎을 치게 된다.
선생이 어느 순간 일취월장한 제자에게
제대로 한 수 배운다.
엄한 시어머니가 차려준 뜻밖의 생일상과 손편지에
며느리는 감동한다.

주인이 종의 발을 씻긴다.
스승이 제자 앞에 무릎을 꿇는다.

이건 청출어람靑出於藍의 상황이 아니다. 쉽게 상상이 되지 않기에 놀라움과 파급력은 실로 엄청나다. 예수님의 방식은 늘 충격요법이다. 상황을 뒤집고 상식을 뒤엎는 것이었다. 그분은 멀리해야 할 사람을 가까이했고, 고개를 숙여야 할 사람 앞에서 빳빳이 고개를 드셨다. 아첨하는 말을 해야 되는 이에게 독설을 서슴지 않았고, 비난과 저주를 퍼부어 마땅한 이들을 품에 안으셨다.

이쯤 되면 이분은 가히 청개구리다. 슬라보예 지젝Slavoj Zizek의 표현처럼 가히 '체제 전복자'라는 말이 아깝지 않다. 극적 반전을 즐기는 그분은, 시작부터 특별했다.

하나님이 사람으로,
주인이 종으로,
가장 높은 곳에서 가장 낮은 곳으로
자리를 옮겼다.

예수전

때문에 신약성경 최고의 찬양으로 꼽히는 것은 단연 빌립보서 2장의 '케노시스(비움)'다.

◆

그는 근본 하나님의 본체시나 하나님과 동등됨을 취할 것으로 여기지 아니하시고 오히려 자기를 비워 종의 형체를 가져 사람들과 같이 되었고 사람의 모양으로 나타나셨으매 자기를 낮추시고 죽기까지 복종하셨으니 곧 십자가에 죽으심이라 이러므로 하나님이 그를 지극히 높여 모든 이름 위에 뛰어난 이름을 주사 하늘에 있는 자들과 땅에 있는 자들과 땅 아래에 있는 자들로 모든 무릎을 예수의 이름에 꿇게 하시고 모든 입으로 예수 그리스도를 주라 시인하여 하나님 아버지께 영광을 돌리게 하셨느니라 _빌립보서 2:6-11

이는 위대한 찬양이요,
낮아짐의 궁극이요,
겸비의 절정이요,
성육신의 극치다.

수건 장의신 作

종으로 오신 예수님의 본질은 성만찬의 자리에서 가장 빛나고 절정을 이룬다. 일반적으로 영화의 클라이맥스는 엄청난 물량을 쏟아부은 화려하고 극적인 장치를 총동원하여 가장 드라마틱하고도 감동적인 장면을 만들어낸다.

그러나 예수 그리스도는 공생애를 정리해가는 이 절정의 순간에, 일상의 공간에서, 그것도 가장 소박하고 초라한 모습으로 클라이맥스를 만들어낸다. 치닫는 대신 잦아든다.

그. 분. 답. 다. 과. 연.

십자가가 '구원의 완성'이라면 성만찬의 자리는 예수 그리스도의 '존재의 완성'이다.

'종의 형체.'

그분은 자신을 완성시키셨다. 구유에서 탄생하시고 목수로 사시고 머리 둘 곳이 없으셨고 그리고 허리에 수건을 두르고 제자들의 발을 씻기심으로 그의 종 된 섬김의 본을 보이셨다.

죽음을 앞둔 그분의 마지막 가르침은
말이 아닌 행동이었다.
설교가 아닌 퍼포먼스였다.
사랑하는 이들을 위한
예수님의 마지막 이벤트는 이렇게 기획되었다.

◆

유월절 전에 예수께서 자기가 세상을 떠나 아버지께로 돌아
가실 때가 이른 줄 아시고 세상에 있는 자기 사람들을 사랑
하시되 끝까지 사랑하시니라 _요한복음 13:1

'끝까지'로 번역된 헬라어 '에이스 텔로스'를 그로소우오 W. K. M.
Grossouw는 '최대한으로'를 의미한다며, 이 구절을 "예수께서 그
들에게 완벽한 사랑의 증거를 주셨다"로 번역하기도 했다. 성
만찬 자리에서 발을 씻기신 예수님의 이벤트는 인류를 향한
'완벽하고도 최대한의' 사랑의 증거였다.

나는 주의 종으로 바치겠다는 부모님의 서원으로 어릴 때부터 목사가 되기 위한 훈련을 받으며 자라왔다. 사실 부모님이나 나나 '주의 종'이라는 말을 앞세우면서도 늘 그 앞에 이런 수식어를 꿈꿨던 것 같다. '크게 쓰임 받는' 주의 종, '귀하게 높임 받는' 주의 종, '유명하고 영향력 있는' 주의 종, '큰 교회를 이끄는' 주의 종 말이다.

드디어 목사 안수를 앞둔 어느 날,
나의 주인은 내게 이 노래를 주시며
종의 삶에 대해 다시 생각하게 하셨다.

나는 남들에게 칭찬 듣기 좋아하고
나는 남들보다 높은 곳에 서길 원하네
나는 남들에게 인정받기 좋아하고
나는 그들보다 좋은 곳에 있길 원하네

그러나 주님 허리에 수건을 두르사 발을 씻기시고
십자가에 물과 피 흘리사 종이 되셨으니 나도

종이 되어 섬기기를 원합니다 겸손하신 주님 닮아
모든 이의 종이 되어 누군가의 종이 되어 주님처럼

난 주님의 종이 되어
〈종이 되겠습니다〉_민호기 사·곡 (소망의 바다 3집 '성숙' 2004)

우리의 관심은 대부분 큰일, 중요한 일, 멋진 일, 빛나는 일,
명예로운 일에 있다. 그러나 생각해보라. 종이 하는 대부분의
일은 작은 일, 하찮은 일, 허드렛일, 귀찮은 일, 더러운 일, 소
소한 일, 초라한 일이다. 바꿔 말하면 종이란 본디 작고 하찮
고 초라한 존재이기 때문이다.

예수님 당시에는 많은 종들이 있었다. 종에도 계급이 있어서
그에 따라 일들이 맡겨지기 마련이었다. 집 지키는 종, 집안
일 하는 종, 심부름 하는 종, 밭일 하는 종, 시중드는 종….
그중에 가장 하급의 종은 단연 '발 씻기는 종'이었다.

잘 알다시피 먼지가 많이 나는 건조한 기후에, 샌들을 신고
다니던 당시 사람들이 외출했다가 집에 돌아올 때 가장 더러

워진 곳은 바로 '발'이다. 전승에 의하면 발 씻기는 종에게는 특별한 표식이 있었다고 한다. 그것은 바로 허리에 수건을 두르고 다니는 것이다. (아브라함이 하갈을 내쫓는 창세기 21장 14절에 대한 미드라쉬는 그녀가 노예였다는 것을 사람들이 알 수 있도록 그녀의 숄을 취해서 허리에 두르게 했다고 진술한다.)

◆

저녁 잡수시던 자리에서 일어나 겉옷을 벗고 수건을 가져다가 허리에 두르시고 이에 대야에 물을 담아 제자들의 발을 씻기시고 그 두르신 수건으로 씻기기를 시작하여

_요한복음 13:4,5

예수께서 허리에 수건을 두르신 것은 제자들의 발을 씻기시고 닦아주기 위함일 뿐 아니라, 스스로 "나는 당신의 종입니다" 라고 선언하신 것이다.

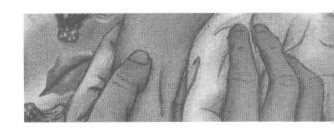

주님의 일을 한다는 것은
주님처럼 종이 되는 것이다.
내 생각과 방법,
내 뜻과 목소리,
나의 고집과 자존심을 수건에 고이 싸서
허리에 두른 후,
누군가의 앞에 무릎을 꿇는 것이다.

내가 좋아하는 사람 앞에 무릎을 꿇고 그의 종이 되어 발을
씻어주는 것은 쉬운 일이다. 그러나 나를 가장 힘들게 하는
이 앞에 허리에 수건을 두르고 무릎을 꿇는 것은 죽을 만큼
힘든 일이다.

그러나 우리는 '누군가'의 종이 될 뿐만 아니라,
'모든 이'의 종이 되어야 한다.

주님처럼.

예수전

9 언덕

예 수 님 의 삶 을 그 리 는 나 의 노 래

언덕

턱까지 차오른 숨
흐려지는 시야
휘청이는 걸음

이글거리는 저 언덕 너머에
죽음이 일렁이는데
저 언덕 너머에
영원한 생명이 춤추는데

두려움, 현기증, 타는 목마름, 살 찢기는 아픔
그보다 더한 영혼의 통증
죄악은 이리도 깊이 나를 찌르는데

하늘로 나리는 굵은 빗방울
하늘 아버지 떨구시는 뜨거운 눈물
십자가가 저기에
나의 마지막 길
그래 십자가
나의 마지막 꿈

참혹한 직시

◆

희롱을 다한 후 홍포를 벗기고 도로 그의 옷을 입혀 십자가
에 못 박으려고 끌고 나가니라 나가다가 시몬이란 구레네
사람을 만나매 그를 억지로 같이 가게 하여 예수의 십자가를
지웠더라 골고다 즉 해골의 곳이라는 곳에 이르러 쓸개 탄
포도주를 예수께 주어 마시게 하려 하였더니 예수께서 맛보
시고 마시고자 아니하시더라 저희가 예수를 십자가에 못 박
은 후에 그 옷을 제비 뽑아 나누고 거기 앉아 지키더라 그 머
리 위에 이는 유대인의 왕 예수라 쓴 죄패를 붙였더라

_마태복음 27:31-37

예수께서 사형 선고를 받은 빌라도의 법정에서부터 골고다 언
덕까지의 거리는 800미터다. 이 800미터의 여정을 다룬 복음
서의 기록 또한 이렇게 겨우 몇 줄에 불과하다. 그러나 이 짧
은 시간과 거리는 인류 역사상 가장 위대한 걸음으로 아로새
겨졌다.

예수전

이글거리는 언덕 너머 일렁이는 죽음을 향해
예수는 의연하게 뚜벅뚜벅 걸어가지 못했다.
그는 넘어지고 쓰러지고 절뚝이고 헐떡이며
겨우겨우 그 길을 걸었다.

십자가도 제대로 지지 못해 지나던 이가 함께 져야 했다.
숨은 턱까지 차올라 시야는 흐려졌고 걸음은 휘청인다.
채찍에 맞은 자리와 가시 면류관은
고통스럽게 육신을 찌르고,
끝이 가까울수록 두려움은 커져만 간다.

십자가를 앞두고 예수 그리스도는 평범한 인간의 본성과 구
세주의 위대함을 부산히 오간다. 겟세마네에 올라 눈물로 아
버지 하나님을 부르며 이 잔을 내게서 옮겨달라고 부르짖다
가, 기도를 마친 후 스스로 걸어 결연히 체포조에게 나아갔
다. 법정에서 그토록 당당했으되, 모진 채찍질로 걸음조차 가
누기가 힘겨워졌다.

그 와중에 여인들에게 나를 위해 울지 말고 너희 자녀를 위해

울라는 따뜻한 위로까지 건넨다. 십자가에 달려서도 하나님께 "어찌하여 나를 버리셨나이까" 고통의 비명을 토해내지만, "저들을 사하여 주옵소서"라고 하는 용서의 언어를 기어이 뱉어내고야 만다.

그는 마지막까지 철저한 인간이었고 하나님이셨다.

예수 그리스도는 영웅적인 동시에 비극적인 인물이다.

십자가, 그 거대한 죽음의 공포는
마지막 순간까지 그를 고뇌하게 했다.
땅과 하늘, 삶과 죽음, 죄와 구원 사이에서
그는 끊임없이 흔들리는 존재처럼 보였다.
그는 온 세상의 왕이셨지만,
그의 왕관은 가시 면류관,
그의 보좌는 십자가였다.

바로 그 날, 골고다 언덕 주변에서 일어난 일을 에르네스트 르낭Ernest Renan과 하비 콕스Harvey Cox의 입을 빌어 눈앞에 그려

예수전

본다.

"패션 오브 크라이스트Passion Of Christ 같은, 피와 살이 튀는 하드코어 영화에서처럼 편집증적으로 예수의 육체적인 고통을 직시하는 것도 때론 필요하다. 예수께서 맞은 채찍은 일반적으로 긴 가죽끈 두 개의 끝에 뼛조각과 쇳조각을 매단 것으로 그것으로 사람을 치면 살점과 뼛조각이 튀었다. 십자가 처형 전에 채찍질을 했는데 그것만으로 죽는 죄수도 있을 만큼 잔혹한 형벌이었다."

"쓸개(몰약)를 탄 포도주는 일종의 마취제다. 이것은 죄수를 측은히 여겨 감각을 잃게 하기 위한 배려였다. 흔히 예루살렘의 아낙들이 처형되는 불쌍한 사람들에게 이 마지막 포도주를 갖다주었던 것 같다. 이렇게 해주는 여인이 한 사람도 없을 때에는 공금으로 사서 주기도 했다 한다."

그러나 예수는 이를 거부했다.
그분은 완전히 맑은 정신을 가진 채 목숨을 버리고,
자기가 바라고 부른 죽음을
또렷한 의식으로 기다리는 편을 택했다.

형을 집행하기 위해 사형수는 형장까지 자기 십자가를 지고 가야 하는데, 그 십자가는 파티불룸Patibulum이라 불리는 가로 막대기 하나였다. 형장에 가서 그 가로 막대기에 사형수의 팔을 묶거나 못을 박은 뒤 거기 붙박이로 있던 세로 기둥에 갖다 붙이는 것이다.

티툴루스Titullus라고 하여 왜 이 사형수가 사형에 처하게 되었는지를 말해주는 패를 기둥 위에 박거나 사형수의 목에 걸었는데, 예수의 경우 이 패에 "나사렛 예수 유대인의 왕"이라는 조롱의 말이 적혀 있었다.

십자가형은 당하는 사람에게나 보는 사람에게나 가장 끔찍한 처형 방법이다. 목을 치든 매달든, 총으로 쏘든, 전기의자에 앉히든, 어느 시대나 처형 방법의 공통점은 가장 짧은 시간에 절명할 수 있도록 고안되었다는 것이다. 그러나 십자가 처형은 정반대다. 목숨이 끊어지는 데까지 아주 오랜 시간이 걸린다.

십자가형이 특별히 잔인한 것은, 가랑이를 받쳐주는 고통의 형틀 위에서 이토록 처참한 상태로 사흘이나 나흘 동안 살아 있어야 한다는 점이었다. 못 박힌 손의 출혈은 곧 멎으니 치명적인 것이 아니었다. 죽음에 이르게 하는 진짜 원인은 부자연스러운 몸의 자세로 이것이 혈액순환에 큰 장애를 주고, 머리와 심장에 무서운 고통을 일으키고, 마지막에는 사지를 경직케 하였다.

이 잔인한 형의 주된 의도는 죄수를 일정한 상해에 의하여 직접 죽이는 것이 아니라, 손을 마음대로 쓰지 못하게 못 박힌 죄수를 뭇 사람에게 보이고, 그 형틀 위에서 썩도록 내버려두는 데 있었다. 높이 매달린 채 죽어가는 모습을 사람들에게 적나라하게 보여야 한다는 것은 더할 나위 없이 수치스러운 것이었다.

그래서 십자가형은 로마 시민에게는 사용되지 않았고 노예와 식민지 백성들에게만 사용되었다. 로마의 식민지에서 십자가처형은 정치적 반역자에게 적용되었다. 그 지역 어디서든 고개만 들면 보이는 높은 곳에 발가벗겨져 매달린 채 몸을 뒤틀며 서서히 죽어가는 사형수의 모습은, 식민지 백성들로 하여금 로마에 저항하면 어떤 대가를 치르게 되는지 분명히 보여주는 본보기로 더할 나위 없었다.

십자가에 달린 죄수 가운데는 며칠이나 살아 있는 경우도 있었으나, 예수는 6시간 남짓 만에 비교적 일찍 숨을 거둔 편이다. 십자가를 형장까지 지고 가지 못한 것도 그렇고, 그만큼 예수의 몸 상태가 이미 좋지 않았다는 이야기다.

그것은 로마 군인들의 가혹한 심문과 채찍질의 결과이기도 하겠지만, 활동 종반부에 접어들면서 생긴 극도의 고독감과도 관련이 있을 것으로 추정한다. 가장 가까운 제자들에게서조차 이해받거나 지지받지 못하고 배신당하고 부인된다면 그것만으로도 절반은 죽은 사람이나 다를 게 없다는 지적은 충분히 납득할 만하다. 심지어 그는 겟세마네에서 땀방울이 피처럼 맺혀 흘렸다.

두려움 너머

그리스도의 수난에 관한 이런 실증적 묘사의 필요성만큼이나 예수 그리스도와 십자가를 둘러싼 이들의 감정선을 따라가보는 것 또한 중요하다. 수난 이야기에 등장하는 인물들을 하나로 묶는 공통점이 있다면 그것은 다름 아닌 '두려움'이다.

총독 빌라도도,
수제자 베드로도,
대제사장 가야바도,
분봉왕 헤롯도,
바리새인과 서기관들도
두려움 때문에 그릇된 판단을 한다.

류호준 교수의 표현을 빌자면, 빌라도의 두려움은 마치 '열쇠 구멍'과 같다. 그 구멍을 통해 들여다보면 십자가 처형에 대한 관점과 이해가 생긴다는 것이다. 즉 두려움이라는 열쇠 구멍을 통해 십자가 처형을 들여다보면 왜 예수께서 십자가 처형을 당하시게 되었는지 폭넓게 이해하게 된다는 말이다.

수난 이야기에 등장하는 사람들 중에 실제로 예수를 처형하기 원한 사람은 거의 없었다. 그들 대부분은 '두려움의 희생자

들'이다. 그들은 자신들의 지위, 안위, 소유가 흔들리는 것이
두려웠다. 그들은 그렇게 행동하지 않으면 안 된다는 두려움
때문에 그렇게 행동한 사람들이었다.

반면에 예수 그리스도의 두려움은,
반드시 그렇게 해야만 한다는 두려움이었다.
반드시 그렇게 죽어야 한다는 두려움.
죽기 위해 살아야 했던 삶.

예수의 사명은, 연약한 인간의
모든 근원적 두려움들을 쫓아내는 것이다.
우리의 두려움들을
십자가에 못 박아 죽이는 일이다.
두려움이 우리를 지배하는 한,
하나님의 평화가 우리를 다스릴 수 없기에.

그분은 스스로의 두려움과
우리의 두려움을 모두 안고,
죽음으로 저벅 걸어 들어갔다.

예수전

그리하여 우리는 예수를 죽인 이들과 공범共犯이다.

존 스토트John Stott는 말한다.
"우리는 십자가를 바라보면서 우리를 위해 베풀어진 어떤 것을
생각하기에 앞서, 우리가 저지른 뭔가를 생각해보아야 한다."

17세기 네덜란드 시인 야코부스 레비우스Jacobus Levius의 말에
귀 기울여보라.

아닙니다.
예수를 십자가에 처형한 것은 유대인들이 아닙니다.
주 예수님, 당신의 얼굴에 침을 뱉은 자들은 유대인들이 아닙니다.
재판정에서 당신을 배신한 자들은 유대인들이 아닙니다.
당신이 죽어가실 때 당신의 뺨을 내리친 자들은
유대인들이 아닙니다.
당신의 얼굴에 주먹질한 자는 로마 군인들이 아니었습니다.
망치를 들고 못을 내려 박은 자들은 로마 군인들이 아니었습니다.
갈보리의 저주 받은 언덕 위에
십자가를 세운 자들은 로마 군인들이 아니었습니다.

당신의 겉옷을 나눠 갖기 위해

주사위를 던진 자들은 로마 군인들이 아니었습니다.

오, 주님, 그곳, 저주의 언덕으로 끌고 간 자는 바로 나입니다.

당신이 짊어지셔야만 했던 그 무거운 십자가는 바로 나였습니다.

나무에 당신을 묶어 맨 그 로프는 바로 나였습니다.

채찍, 못, 망치, 창 그것들은 바로 나였습니다.

그리고 당신이 써야만 했던 그 피투성이의 가시관은

바로 나였습니다.

오, 주님, 그것은 나의 죄였습니다.

당신이 당하신 것은 바로 나를 위한 것이었습니다.

어린 시절, 수련회 마지막 밤이면 늘 십자가의 길을 재연하고
회개와 결단의 기도를 드리며 부르던 노래가 있다.

그때 그 무리들이 예수님 못 박았네

녹슨 세 개의 그 못으로

망치 소리 내 맘을 울리면서 들렸네

그 피로 내 죄 씻었네

예수전

2절이 시작되자마자 나는 바로 온몸을 떨며 울었다.

주여 저들의 죄를 용서하여 주소서
주님 눈물로 기도했네
귀중한 그 보배피 나를 위해 흘렸네
그 피로 내 죄 씻었네

그런데 몇 번의 수련회를 더 다녀오는 동안,
내 죄를 씻던 보배피가 묽어지고,
내 마음 속을 울리던 망치 소리도 어느 순간 사라졌다.

그러다가 대학생이 되고 선교단체에 헌신했을 때
또 다른 노래에 마음이 떨려왔다.

거룩하신 하나님 주께 감사드리세
날 위해 이 땅에 오신 독생자 예수
나의 맘과 뜻 다해 주를 사랑합니다
날 위해 십자가 지신 독생자 예수

'날 위해'와 '십자가 지신'이 한 문장으로 묶이는 순간
내 안에 일어난 영적인 화학작용은
내 모든 감정선과 눈물샘을 폭발시켰다.
이 노래를 부를 때마다 나는 파블로프의 개처럼 울어댔다.

그러나 몇 년 후 그 떨림조차 잦아들었다.
위대한 흑인 영가 '거기 너 있었는가'를 기억하는가.

거기 너 있었는가 그때에
주가 그 십자가에 달릴 때
오 때론 그 일로 나는 떨려 떨려 떨려
거기 너 있었는가 그때에

십자가를 생각할 때 그 언젠가의 나는 빌라도가 되고, 가야
바가 되고, 로마 병정이 되고, 베드로가 되고, 어머니 마리아
가 되어 울며 떨었다. 마치 그 날 그 현장에 있었던 것처럼 십
자가 아래서 떨고 있었다.

이는 실로 두럽고도 아름다운 떨림이다.

예수전

그러나 그 떨림은 자주 잦아들고 무뎌진다.

사랑하는 사람 앞에서 가슴 떨리던 설렘이 사라졌다면

그건 더 이상 사랑하지 않는다는 뜻일지도 모른다.

십자가를 들어도 떨리지 않는 가슴을 가진 우리는

정녕 보배피의 수혜자가 맞는가.

영화 패션 오브 크라이스트The Passion Of The Christ에서 가장 잊을 수 없는 장면은 예수님이 숨을 거두시는 순간, 3인칭 관찰자의 시점에서 하나님의 시점으로 전환되는 지점이다. 카메라 앵글은 십자가 꼭대기로부터 점점 하늘로 올라가며 땅에서부터 멀어져 급기야 지구를 벗어난다.

순간 화면 전체가 물방울로 흐려지더니 땅을 향해 뚝.

하나님의 눈물은 후두둑 비가 되어 떨어지고, 독생자를 잃은 아버지의 몸서리치는 고통은 천둥과 번개로 울며 지진으로 땅을 흔들었다. 그리고 하나님은 아들을 죽여 원수 된 인간들을 학살하는 대신, 즉시 성소와 지성소를 가로막고 있는 휘장을 찢으셨다. 친히.

언덕 황선아 作

예수전

휘장은 위에서 아래로 찢어졌다. 사람이 찢은 것이 아니라 하나님께서 찢으셨기에 그러하다. 지성소로 향하는 새롭고 산 길을 여셨다. 은혜의 보좌로 들어가는 담력을 주셨다(히 10:19,20). 그의 보혈을 의지하는 모두는 왕 같은 제사장이 되었다(벧전 2:9). 성직자의 예배를 지켜보던 자리에서, 예배하는 주체가 되었다. 죽음의 상징인 십자가가 하나님과 사람 사이를 잇는 다리로 바뀌는 지점이다.

저주와 고통의 상징인 십자가가
생명과 축복과 은혜와 구원의 상징으로 거듭났다.

그. 러. 나.
십자가는 여기에서 그치지 않는다.
십자가는 연장되고 확장되고 자라나고 뻗어간다.
온 세상 구석구석을 향해.

유대를 넘고, 로마를 넘고, 고대 근동을 넘고, 대륙을 넘고 시간의 강을 넘는다. 시대와 역사를 초월하고, 개인의 구원과 종교적 한계를 건너뛰고, 정치와 경제, 학문과 기술, 사상과 이념, 진보와 보수를 관통하며 오늘에 이르렀다.

젊은 시절 내 삶을 흔들어놓은, 노래가 된 두 편의 시가 있다. 윤동주의 '십자가'는 홍순관의 목소리를 빌어 나의 실존을 다 그쳤다. 식민지 치하도, 독재 치하도 아닌 시대를 사는 나의 십자가는 어떤 것인지 도무지 가늠할 수가 없었다.

쫓아오던 햇빛인데
지금 교회당敎會堂 꼭대기
십자가十字架에 걸리었습니다.
첨탑尖塔이 저렇게도 높은데
어떻게 올라갈 수 있을까요.
종鐘 소리도 들려오지 않는데
휘파람이나 불며 서성거리다가,
괴로웠던 사나이,
행복幸福한 예수 그리스도에게처럼
십자가十字架가 허락許諾된다면
모가지를 드리우고
꽃처럼 피어나는 피를

예수전

어두워가는 하늘 밑에

조용히 흘리겠습니다.

문익환 목사를 추모하며 류형선 선생이 만든 노래 〈그대 오르
는 언덕〉은 남과 북으로, 좌와 우로 분단된 이 땅에서 까마득
한 언덕 위의 십자가를 톺아보게 한다.

버려진 사선 철길을 따라 민중의 가슴 차표를 쥐고

그대 오르네 철책 면류관 쓰고 저 언덕을 오르네

가시 쇠줄로 찢겨진 하늘 아픔은 결코 다르지 않다

압록강 줄기 그리움 일렁이며 흐느끼는 당신의 노래

우리 지친 어깨 일으켜 떨리는 손을 마주 잡는다

갈라진 조국 메마른 이 땅 위에 그대 맑은 샘물 줄기여

죽음을 넘어 부활하는 산 피투성이 십자가 메고

그대 오르는 부활의 언덕 위로 우리 함께 오르리

제3시대 그리스도교연구소 김진호 목사에 의하면, 하나님의
구원 사역은 세상의 죄와 고통을 하나님 자신이 함께 괴로워
하는 데서 시작한다. 그래서 사람의 몸이 필요했고, 몸에 그

고통을 체현하는 것, 그것이 바로 '십자가'다. 즉 십자가는 '하나님의 몸의 언어'인 것이다.

그러면 십자가의 길을 따르는 제자의 길, 예수의 삶의 길을 따르는 우리의 신앙의 자세는 세상에서 일어나는 일 하나하나에서 몸의 아픔을 체현하는 것이다. 남의 일이 내 일처럼 아파야 하고, 부조리하고 정의롭지 못한 일을 두고 보기가 아프고 힘들어야 한다.

그리스도께서 십자가에서 자신을 찢어 하나님과 사람 사이를 다시 이어 붙이신 것처럼 우리는 우리의 십자가를 짐으로 하나님과 세상을 잇고 화해시켜야 한다. 십자가를 지는 이는 세상 돌아가는 일에 초연해 하는 이가 아니다. 사람 사는 일에 무관심하고, 다양한 사회 문제에 침묵하면서 자기를 부인하고 십자가를 지고 예수를 따른다고 말할 수 있는가. 감히.

◆

제 구시에 예수께서 크게 소리지르시되 엘리 엘리 라마 사박다니 하시니 이를 번역하면 나의 하나님 나의 하나님 어찌하

예수전

여 나를 버리셨나이까 하는 뜻이라 _마가복음 15:34

십자가 위에서 부르짖은 이 외침에 대해 디트리히 본회퍼 Dietrich Bonhoeffer는 예수의 생애 가장 결정적인 순간이며, 그리스도교 메시지의 핵심일 뿐 아니라 성경 전체의 중심이라고 주장한다.

1944년 7월 16일 옥중서신에서 그는 이렇게 말한다.
"하나님은 이 세상에서 나약하고 무력하시다. 바로 그러시기 때문에, 그 이유 하나만으로, 그는 우리와 함께하시고, 우리를 도우시는 것이다. 우리와 함께하시는 하나님은 우리를 버리시는 하나님이시다. 우리로 하여금 이 세상에서 하나님이라는 가설을 설정하지 않고도 일하게 하시는 하나님이야말로 우리가 계속해서 그 앞에 서야 할 그 하나님이시다."

본회퍼는 고도로 역설적인 반전을 덧붙인다.
"하나님 앞에서, 그리고 하나님과 함께, 우리는 하나님 없이 살 수 있다. 하나님은 스스로를 세상 밖으로 떠밀어내어 십자가에 달리게 하신다."

이는 매우 급진적인 신학이다. 단박에 이해하기 힘든 말이었지만, 이 말을 처음 듣고 20년도 더 지난 지금에서야 비로소 이해하기 시작하는 것 같다. 마치 하나님이 아니 계신 것처럼 주체적이고 실존적인 일상의 삶을 살아가지만, 늘 하나님 앞에 선 코람데오Coram Deo의 정결함으로 하나님과 동행하는 삶. '하나님 없이, 하나님 앞에, 하나님 함께' 십자가를 지고 가는 삶을 말이다.

◆

다 이루었다 _요한복음 19:30

십자가의 마지막 선언은 천금처럼 무겁고도 깃털처럼 가볍다. 낙엽은 '무거워 떨어진 것이 아니라 가벼워 떨어진 것'이라는 홍순관 선배의 말에 무릎을 쳤다. 나는 마지막 순간에 저토록 가벼운 존재로 떠날 수 있을까.

나름 좁은 길을 선택하여 20년을 넘게 걸어온 소회와 결단을 담아 만든 〈순례자〉라는 노래의 가사다.

버리기 위해 떠나온 나의 길

돌아보면 두고 온 것들의 손짓

고개 저어 흩어버리면 어느새 더 무거워진 발걸음

한 걸음 옮기기가 이젠 쉽지 않아

한 마디 내뱉기도 조심스럽지만

그 끝을 볼 수 없지만 그 다음을 알 수 없지만

그저 걷고 또 걸어갈 뿐

구주의 손 그 못 박힌 손잡고

오늘은 이곳 내일은 저곳

약속의 말씀 그 빛을 따라

하늘 노래 부르며 걸어가리

이 노래를 들은 아내의 한마디는

골고다의 녹슨 못처럼 내 가슴에 박혔다.

처음 당신은 다 버리고 길 떠나는 사람이었는데,

어느 순간 뒤돌아가서 버리고 온 걸

다시 줍고 있는 것 같다고.

쿵.

마음 한구석이 무너져 내린다.
나는 그 언덕을 예수와 함께 오르는 사람인가,
저만치서 구경하는 사람인가,
아니면 십자가를 지는 척 흉내 내는 사람인가.

미국의 음악 사역자 마이클 휘태커 스미스Michael W. Smith는 이를 'Secret Ambition'이라 노래했다.
"Nobody knew His secret ambition was to give His life away…"

그는 바로 그 순간을 위해 이 땅에 오셨고 끝끝내 갈보리 언덕을 올라 자신의 생명을 버리사 그의 절정을 완성했다. 십자가는 그리스도의 마지막 길이요, 최종 꿈이었다. 그의 길을 따라 언덕을 오르는 우리 모두에게도 그러하다.

십자가를 지고 가는 이,
누군가의 십자가를 대신 지는 이,
그리고 십자가를 전하며 사는 이.
당신은 누구인가?

예수전

주님의 부르심이 얼마 남지 않음을 알았던 하용조 목사의 진
술이다.
"나의 죽음은 내 인생의 절정이 될 것이다."

그리고 정말 그렇게 되었다.

그리스도의 죽음이 그의 삶의 절정이었던 것처럼, 그를 뒤따
르는 우리 또한 우리의 죽음, 그 마지막 순간이 우리의 절정이
되어야 할 것이다. 그리스도와 함께 십자가에 못 박힌 우리,
주와 함께 죽고 사는 이에게 삶과 죽음의 경계는 무의미하다.

나는 최종 진술한다.
나를 부인하고, 나의 십자가를 지고,
남의 십자가를 함께 져주는

'십자가의 전달자'로 살고 죽겠노라고.

남겨진 이야기, 두 가지

1.
지금껏 나는 그리스도의 가상칠언 중, "저희를 사하여 주옵소서"와 "다 이루었다"를 자랑스럽게 여기는 대신 "엘리 엘리 라마 사박다니"를 부끄럽게 생각해왔다.

나의 하나님 나의 하나님 어찌하여 나를 버리셨나이까.

비명 섞인 외침은 하나님의 아들, 구세주에게는 도무지 어울리지 않는다. 그러나 시편을 읽던 중 섬광처럼 찾아든 깨달음에 나는 그만 얼어붙어버렸다.

◆

　내 하나님이여 내 하나님이여 어찌 나를 버리셨나이까 어찌
　나를 멀리하여 돕지 아니하옵시며 내 신음하는 소리를 듣지

아니하시나이까 _시편 22:1

나는 깨달았다.
이것은 하나님을 향한 원망의 부르짖음이 아니라는 것을.
주님은 아버지 하나님을 향해
시편의 한 장을 노래하신 것임을.

마치 우리가 고난 중에 "밤에나 낮에나 눈물 머금고 내 주님
오시기만 기다립니다" 하고 찬양의 한 절을 부르는 것처럼,
주님은 십자가 위에서 가장 극심한 고통 속에서도 찬양하고
계셨던 것이다.

신음처럼 찬양을 토해내신 예수 그리스도.

이 장면은 인류 역사를 통틀어 가장 위대하고 눈물겨운 시편
찬송이다. 고난을 이겨내는 최고의 방법은 하나님을 찬
양하는 것임을, 그분은 마지막까지 온몸으로 증명해내
셨다.

2.

사도 바울은 그의 편지에서 어머니처럼 여기는 한 여인과 그의 아들에게 특별한 안부를 전한다.

◆

주 안에서 택하심을 입은 루포와 그 어머니에게 문안하라 그 어머니는 곧 내 어머니니라 _로마서 16:13

루포와 그의 어머니가 누군지 궁금하지 않은가. 그들이 누군지를 알았던 마가는 설명을 놓치지 않았다.

◆

마침 알렉산더와 루포의 아비인 구레네 사람 시몬이 시골로서 와서 지나가는데 저희가 그를 억지로 같이 가게 하여 예수의 십자가를 지우고 _마가복음 15:21

그렇다. 루포는 바로 예수님의 십자가를 대신 진 구레네 시몬의 아들이다. 알렉산더와 루포, 시몬의 두 아들과 그의 아내는 아마도 초대교회에서 사랑받고 영향력 있는 이들이었던 것

같다. 이런 상상도 해본다. 아마 그 날 그 자리에 가족들이 함께 있었다면. 아버지가 예수의 십자가를 지는 것을 지켜본 자녀들, 남편이 그리스도의 고난에 동참하는 것을 목도한 아내, 최소한 그 날의 이야기를 전해 들었을 그들의 가정에 임한 축복을 짐작조차 할 수 있는가.

루이스C. S. Lewis는 말한다.
"기독교 신앙의 중심은, 그리스도의 죽음이 어떻게 해서든지 하나님과 우리의 관계를 바르게 하며 우리에게 새로운 출발을 주는 데 있다."

어쩌면 시몬은 이전에 예수 그리스도에 대해 잘 몰랐을 가능성이 크다. 구레네는 그리스인에 의해 세워진 아프리카 북부 연안 도시였고, 이곳에 살던 많은 유대인 디아스포라가 유월절을 맞아 예루살렘을 방문했는데 시몬도 그들 중 하나였을 것이다. 그는 엉겁결에 혹은 운이 없게도 마침 그곳을 지나다 십자가를 지게 되었지만, 그것은 우연한 기적을 넘어 그와 그의 가정을 향한 하나님의 놀라운 계획이었다.

《천로역정》을 쓴 존 번연의 전기 작가 골든 웨이크필드Goldon Wakefield는 말했다.

"십자가, 곧 우리를 지고 가는 십자가와, 우리가 지고 가는 십자가 없이는 기독교도 없다."

시몬은 예수님의 십자가를 졌고, 주님은 시몬을 지고 가셨다. 누구에게나 자기 십자가가 있고, 십자가는 반드시 본인이 지고 가야만 한다. 그러나 주님도 구레네 사람 시몬과 함께 십자가를 지셨다. 우리는 예수 그리스도와 십자가를 나눠 지고 가야 한다. 그리스도의 남은 고난을 우리의 육체에 채워야 한다(골 1:24). 그리고 또 다른 누군가의 십자가를 대신 져줄 때 시몬에게 임했던 은혜에 동참하게 될 것이다.

결국 우리가 누구인지는 십자가로 평가받게 될 것이다.

10

예 수 님 의 삶 을 그 리 는 나 의 노 래

아
침

아
침

밝아오는 아침
깨어지는 어둠
피어나는 생명
힘을 잃은 죽음

나는 오래 감았던 눈을 뜨네
어두움이 물러가네
새 빛이 스며드네

이 세상에 아침이 오네

새 소망의 태양 떠 오네

새 날이 밝아오네

새 생명이

그 영원한 생명이 온 땅 가득해

영광 할렐루야 찬양해

죽어야 산다

겨울이 봄 안에 있었듯, 밤 안에 아침이 도사리고 있다. 자식 안에 부모가 살아 있듯, 죽음 안에 또 다른 생명이 있다. 모든 죽고 사는 것들은 끊임없이 오고 간다. 가고 온다. 치열하게 살고, 미련 없이 죽음으로 또다시 새 생명으로 태어난다.

자연의 이치다.
밤낮의 부활,
계절의 부활,
그렇게 대를 이어가는 모든 것은 아름답다.

마태복음 1장의 낳고 낳고 낳고의 향연은 지루한 나열이 아니라 어쩐지 축제다. 그래서 감동적이고 신비롭다. '죽어야 사는' 자연의 이치로 예수 그리스도는 그의 구원 사역을 완성해냈다. 이는 실로 '역설'이지만 한편 '당연'이다.

그분은 죽었기에 다시 살아나셨다.
죽음이 확실하면 부활도 확실하다.

예수전

비극적 죽음에 직면할 때 부활이 우리에게 주는 것이 무엇인지를 생각하게 된다. 깊은 우물과 같은 우리 삶의 끝 모를 어두움들을 들여다보라. 마음의 고통, 육신의 질병, 인간관계의 어지러움, 크고 작은 분쟁, 앞날에 대한 막막함, 가난, 고독, 불안, 두려움 그리고 최종적으로 죽음에 직면한다.

그러나 언제나 우리는 이 어두움의 이면에서 새로운 희망을 발견해냈다.

고통에서 희망을, 질병에서 치유를, 전쟁에서 평화를,
속박에서 자유를, 불안에서 평안을,
그리고 죽음에서 부활을.

십자가의 죽음이 부활의 영광을 낳았다. 고통의 비명이 승리의 찬가로 화했다. 부활은 지금도 우리 안에 반복되고 있다. 모든 결론은 부활로 귀결됨이 당연하다. 이 땅에 사람으로

오신 그리스도께서 부활을 그의 '마지막'으로 결정하신 것은 당연한 일이다.

내가 처음 겪은 첫 번째 죽음은 세상에서 제일 사랑한 할머니의 죽음이었다. 생명이 떠나버린 할머니의 빈 몸이 너무도 낯설어 어찌할 바 모르며 상을 치르고, 돌아가신 지 사흘째 되던 장례식 아침, 혹시 할머니가 예수님처럼 부활하는 건 아닐까 생각했더랬다. 결국 할머니를 차가운 땅에 묻고 돌아오는 길, 다신 볼 수 없다는 절망, 그 싸늘한 죽음을 실감했다. 고3의 가을은 그렇게 죽음처럼 지나고 있었다.

비탈리 카네프스키Vitali Kanevsky의 영화 '얼지마, 죽지마, 부활할 거야'는 제목만으로도 위안을 줬다(러시아 원제의 뜻은 '얼어, 죽어, 살아'라는 걸 나중에 알고 살짝 당황했었다). 인생을 살다보면 누구나 죽음을 직면한다. 가까운 이들의 죽음이든 본인의 죽다 살아난 경험이든, 죽음은 분명 생生의 전환점이 된다. 이전과 전혀 다른 사람이 된다.

결혼식 불과 일주일 전의 일이다. '소망의 바다' 전국 투어 콘

서트 중 고속도로에서 차량이 뒤집혀 완파되는 대형 사고가 났다. 아내와 나는 사고 차량 안에서 함께 살아나왔다. 놀라운 건 차는 종잇조각처럼 구겨져 폐차가 되었는데, 우리 두 사람은 액션 영화의 주인공처럼 멀쩡했다는 것이다.

우리는 그 날로 우리 부부의 삶을 완전하게 하나님께 드렸다. 더 이상 우리 것이 아니었기 때문이다. 그 어떤 예배와 찬양, 부모님의 서원기도, 성경공부, 선교훈련 프로그램이 못한 걸 하나님은 단 한순간에 해내셨다. 다시 살아난다는 게 어떤 것인지 당신은 아는가. 아주 짧은 순간 강렬하게 죽음과 직면해본 나는 더 이상 두려운 게 없어졌다.

그리스도의 죽음과 부활이 실재인 또 하나의 이유는, 죽음이 두려워 뿔뿔이 흩어졌던 제자들이 갑자기 주님이 부활하셨다고 외치며 예수를 전하기 시작했다는 사실이다. 부활을 실제로 보지 않고는 결코 있을 수 없는 일이다. 다시 살아난 사람은 모든 것이 변한다.

결국 복음의 완성, 구원의 완성이 십자가가 아니라 부활인 이

유도 이와 같다.

그리스도께서 만일 다시 살지 못하셨으면 우리의 전파하는
것도 헛것이요 또 너희 믿음도 헛것이며 _고린도전서 15:14

부활이 없었다면, 어떠한 복음도 없다. 십자가가 변화시키는
것이 아니라 부활이 사람을 변화시킨다.

김규항의 말이다.
"우리는 예수의 제자들이 그랬듯 내 삶 속에서 예수가 부활하
게 함으로써 영원한 목숨을 얻을 수 있다. 이것은 오랜 종교
적 수련이나 특별한 구도 행위를 필요로 하지 않는다. 누구라
도, 바로 이 순간에 선택할 수 있는 일이다.
남보다 많이 가진 것을 자랑스러워하던 사람이 이 순간 그런
삶을 부끄럽게 여기고 자발적 가난을 선택한다면 예수가 그
안에서 부활한 것이다. 권력을 얻은 후에 낮고 약한 사람들
편에 서겠다던 사람이 이 순간 스스로 권력을 잃어 낮고 약한
사람들을 섬기는 삶을 살기 시작한다면 예수가 그 안에서 부

활한 것이다. '옳다는 건 알지만 현실이', '먹고사는 문제 때문에', '좀 더 경제적 안정을 얻고 나서'라고 되뇌며 제 삶의 틀에서 한 치도 벗어나지 못하던 사람이 이 순간 고통스러운 삶의 현장으로 새처럼 훌쩍 날아오른다면 예수가 그 안에서 부활한 것이다.

2000년 전에 몸은 죽었지만 여전히 우리 곁에서 살아 숨 쉬는 예수는 우리에게 묻는다.

'목숨이 뭐라고 생각합니까? 정말 살아 있다고 생각합니까?'"

나와 당신은 정말로 다시 살아났는가? 나는 현재, 성탄절에 즈음하여 부활에 대한 글을 쓰고 있다. 불트만Rudolf Bultmann은 십자가와 부활은 두 가지 사건이 아니라 한 사건의 양면이라 함으로써 그 관계의 밀착성을 강조했다. 그와 마찬가지로, 생각해보면 성탄과 부활 역시 서로 다른 것이 아니다. 성탄 자체가 고난의 시작이자 영광의 현현이듯, 부활은 고난의 완성이자 영광의 절정이다. 예수 그리스도는 성탄절에 사람의 아들로 태어났고, 부활절에 하나님으로, 구세주로 다시 태어났다.

또 한 가지 짚고 넘어가야 할 것이 있다. 부활은 예수 그리스도가 주연이지만 실은 성부 하나님 역시 이 위대한 시나리오의 주인공이다. 부활은 예수님이 하신 것이지만 동시에 하나님이 하신 것이다. 엄격하게 말하자면 성경은, 예수께서 스스로 죽음에서 깨어났다고 하기보다, 대부분 "하나님이 그를 일으키셨다"라고 기록하고 있다.

부활은 삼위 하나님의 고뇌와 고난을 통해 완성되었다. 예전의 나는, 고작 사흘간 아들을 죽인 하나님의 사랑이 왜 그리크고 위대한지를 도통 이해할 수 없었다. 생각해보라. 사흘이다. 십자가의 고난이 두고 보기 참혹하긴 했더라도, 단 사흘만 기다리면 아들은 영광스럽게 부활한다. 그게 신으로서 뭐가 그리 대단한 일이란 말인가.

그러나 아이를 낳고 깨달았다. 큰 아들이 두 돌이 채 안 되었을 무렵 다리가 부러져 수술을 받았다. 뼈를 접합하기만 하면 되는 크게 어렵지 않은 수술이지만 아직 아기라서 전신마취를 해야 했는데, 의사도 나도 잘 안다. 잠깐의 마취이고 간단한 수술이다. 몇 시간 후면 멀쩡하게 깨어날 것이다.

그러나 그 잠깐이 내게는 지옥같이 고통스럽고 길었다. 마취에서 깬 아이가 힘없이 '아빠' 하고 불렀을 때 눈물이 그치지 않고 쏟아졌더랬다. 나는 두 번 다시 수술실 안으로 아이를 들여보내는 일이 없게 해달라고 하나님께 기도하고 또 기도했다. 하물며 하나님 아버지의 마음은 어떠하셨을까.

하나님은 눈물 안에 기쁨을 담아두셨다.
하나님은 죽음 안에 생명을 담아두셨다.
하나님은 십자가 안에 부활을 담아두셨다.
아버지의 사랑 안에 아들을 담아두셨다.

그래서 우리는 이제 이렇게 말할 수 있게 되었다.

죽음이 죽었다.
죽어도 안 죽는다.
죽어도 산다.

첫 번째 아침

빛은
조금이었어.

아주
조금이었지.

그래도 그게
빛이었거든.

임영태의 소설《아홉번째 집 두번째 대문》의 한 부분이다.

그분은 늘 춥고 어두운 시간을 사셨다.
그분의 부활은
겨울을 이긴 봄, 밤을 견뎌낸 아침이다.

복음서는 '안식 후 첫날'이라는 데는 일치하지만, '미명'(마태),
'매우 일찍 해 돋은 때'(마가), '새벽'(누가), '이른 아침 아직 어

예수전

두울 때'(요한)처럼 서로 다른 표현을 사용하고 있다. 하지만 각각의 의미는 햇빛이 처음 비치는 시간을 뜻하며, 이런 표현 자체가 부활에 대한 상징으로 사용된 것이라 추정된다.

어둠은 숨기고 빛은 드러낸다.
이 단순한 진리는 일상에서 종종 증명된다.

언젠가 집회 일정을 마치고 다음날 아침 사역을 위해 밤늦게 포항 양포 바닷가에 있는 숙소에 도착했다. 피곤했던 탓에 쓰러져 잠들기가 바빴는데, 다음날 아침에 눈을 떠 창문을 열어젖혔을 때 눈앞에 펼쳐진 눈부신 광경에 넋을 잃고 말았다. 밤에 해안도로를 따라 운전을 해올 때도, 숙소에 짐을 풀 때도, 쿨쿨 자는 동안에도 몰랐다. 거기 그렇게 아름다운 풍경이 존재하고 있었음을.

태양의 떠오르자 모든 것이 분명해졌다.
빛이 비춰야 실체가 드러난다.
진정한 아름다움은 빛 앞에 드러난다.

아침 홍비앙 作

그리스도의 부활은 세상 곳곳에 빛으로 스며들어 그 본래의 아름다움을 회복시킨다. 자신이 얼마나 귀하고 특별한 존재인지 모르고 살던 이에게 그리스도의 부활의 빛이 비친다. 고통과 상처와 콤플렉스와 열등감과 트라우마와 죄책감의 깊은 감옥에 웅크리고 숨어 살던 이들의 어두움에 빛이 스며든다. 그 빛은 그늘지고 춥고 습한 가장 깊은 곳까지 침투해 어둠을 균열시키고 종국에 흑암을 깨뜨려버린다. 그리고 비로소 깨닫게 한다. 내가 얼마나 아름답고 빛나는 사람인지를.

그와 반대로 우리가 꼭꼭 감추기 원했던 추악함도 빛 앞에 속수무책이다. 빛은 어두움을 투과하여 우리의 실체를 밝혀낸다. 죄와 악은 영원히 숨겨질 수 없다. 그리스도의 부활의 빛 앞에 만천하에 드러나게 될 것이다. 부활의 놀라운 점은, 죄 아닌 척 숨어 있던 죄악을, 죄인이면서 죄인이 아닌 것처럼 생각하고 행동하던 이들을 빛 가운데로 끌어낸다는 데 있다. 죄인지 아닌지 애매하게 판단을 흐리게 하던 것들, 악이면서 선으로 행세하던 것들이 빛 앞에 모두 소환된다.

그러나 그리스도의 사랑의 빛은 그들을 정죄하고 심판하는 것이 아니라, 도리어 빛 안에서 새롭게 한다. 어두움을 소멸하여 그 안에 거룩함의 빛을 심는다. 그리하여 이제 너도 세상의 빛이 되어 비추라 명하신다.

인류의 새 아침이 밝아온다. 역사의 새벽이 다가온다. 긴 밤 지새우고 오래 기다린 아침, 어둔 밤 지나서 동 튼다. 어둠을 이긴 새로운 시작, 동터 오는 하나님나라의 현실성, 현재성, 현존성을 누려라.

그리스도의 부활을 나의 부활로 여기고, 하나님나라의 일부로 흡수되어가는 삶이 이제 시작된다.

불충분한 혹은 충분한 결말

복음서에서 주목할 것 중 하나는, 예수의 수난과 죽임 당함에 대해서는 상당히 집중하는 데 비해 그의 부활 사건에 대해서는 의외로 간단히 전하고 있는 점이다. 특히 마가복음은 빈 무덤을 찾아간 여인들의 두려움에서 끝을 맺는다. 불트만은

"이 이야기의 목적은 의심할 여지없이 빈 무덤을 통하여 예수의 부활의 현실성을 입증하려는 것"이라고 믿는다.

◆

여자들이 심히 놀라 떨며 나와 무덤에서 도망하고 무서워하여 아무에게 아무 말도 하지 못하더라 _마가복음 16:8

이 짧고도 어정쩡한 결말에 대해 불편하고 당혹스럽게 생각하는 이들이 많다. 다음 부분인 9-20절은 마가의 원 복음서 초기 사본에는 없다. 대부분의 신학자들이 요한복음 21장처럼 이후의 장면이 후대에 추가된 것으로 의견을 모은다.

개인적인 아쉬움은, 본문이 여기서 딱 끝났더라면 더 좋았을 것을 하는 주제넘은 생각이다. 그랬더라면 더 문학적이고 함축적으로 부활의 신비를 전할 수 있었을 텐데 하고 말이다. 엠마오로 가는 두 제자, 의심 많은 도마, 153마리의 물고기, 베드로의 신앙고백, 지상명령과 승천 등 복음서들이 전하는 부활 이후의 에피소드들도 물론 다 중요하지만, 부활은 '증언'과 '선포'만으로도 의미가 있다.

실은 그걸로 충분하다. 여인들이 놀라며 떨고 무서워서 아무 말도 못했다는 것으로 끝나는 게 훨씬 멋있다. 부활이란 본디 이런 것이기 때문이다. 너무 놀라고 벅차고 두렵고 떨리고 인간의 말과 행동으로 도무지 표현할 수 없는, 루돌프 오토 Rudolf Otto 식으로 얘기하자면, 누미노제Numinose 즉, 두렵고도 거룩한 신비의 경험인 것이다. 그래서 입이 떨어지지 않는 게 정상이다. 도대체 어떻게 뭘 해야 좋을지 알 수 없어 그 자리에 얼어붙는 것이다.

류호준 교수의 설명을 들어보라.
"예수가 나타나지 않는 이러한 끝맺음은 왜 그런 것일까요? 놀라고 두려워 소스라친 여인들이 아무 말도 못하고 서 있는 광경으로 끝을 맺고 있는 이유는 무엇인가요? 그것은 바로 부활의 신비를 보존하기 위해서입니다. 그것은 부활절 아침에 발생한 일이 말로 표현 할 수 없는 것이라는 사실을 우리에게 말하고자 함입니다.
예수의 출생이 새벽녘이라면, 예수의 부활은 정오입니다. 우리가 정오의 태양을 바라보기 원한다면 똑바로 쳐다볼 수 없을 것입니다. 만일 똑바로 쳐다보게 된다면 눈이 멀 수도 있습니다. 정오의 태양은 비스듬히, 간접적으로 쳐다보아야 합니다. 바로 이러한 이유 때문에 마가는 예수의 부활을 그런 방식으로 본 것입니다. 간접적으로 보았던 것입니다. 마가는 눈을 멀게 하는 부활의 빛을 바로 쳐다보지 못하고, 그것이 반사되는 여인들의 두려워하는 얼굴을 통해서 보았습니다. 부활 자체는 아무도 보지 못했습니다. 목격한 사람은 없습니다. 아무도 목격할 수 없었습니다. 너무도 찬란한 사건이었기에 감히 눈으로 볼 수 없었습니다. 너무 눈이 부셔서 간접적으로 볼 수밖에 없었습니다.

이러한 관점에서 볼 때, 우리는 그의 일차적인 반응이 기쁨과 안도의 폭발이 아니었다는 것을 알 수 있습니다. 할렐루야 합창은 더욱더 아니었습니다. 최초의 반응은 두려움과 당황, 황망과 놀람이었습니다.”

인간의 제한된 언어와 표현력으로 부활의 영광을 묘사하는 것은 전적으로 불가능하다. 이런 이유로 마가는 부활의 첫 반응을 '기뻐하고 즐거워하라'가 아니라 '놀라지 말라'였다.

도올 김용옥 선생 역시 부활하신 예수께서 마리아를 만나는 장면을 주목한다.

"이 부활 후 이야기post-resurrection story의 가장 위대한 암시는 바로 마리아와 예수가 만나는 그 장면에 내재되어 있다. 우리는 무덤에서의 일어남, 그 육체의 현현이 곧 예수의 부활이라고 생각하기 쉽다. 그것은 오해다! 여기 예수 자신이 분명히 말하고 있지만, 부활은 이 지상에서의 물리적 출현이 아니다. 오직 '하나님 아버지께로 올라감으로써' 완성되는 것이다. 즉 예수는 부활 중이었다.

요한의 철학에 의하면 예수의 죽음 자체가 이미 부활이었다. 죽음 자체가 승리였고, 생명이었고, 다 이룸이었고, 감동이었고, 육의 극복이었고, 성령의 현현이며, 영생永生이었다. 따라서 육신으로써 부활한 몸에 마리아가 집착하는 것은 옳지 못하다는 것이다.

따라서 예수는 말한다. "나를 만지지 말라." NEB(새영국성경)은 이를 "나에게 집착하지 말라(Do not cling to me.)"로 번역했는데, 매우 정당한 번역이다. 우리가 다시 살아난 예수의 몸에만 집착하면 부활의 궁극적 의미를 상실한다는 것이다. 요한에게 있어서 부활의 궁극적 의미는 우리 가슴에 성령(파라클레토스)의 임하심인 것이다."

남겨진 사람들, 남겨진 이야기 몇 가지

1. 위대한 '먼저'

◆

곧 그리스도가 고난을 받으실 것과 죽은 자 가운데서 먼저
다시 살아나사 이스라엘과 이방인들에게 빛을 선전하시리라
함이니이다 하니라 _사도행전 26:23

◆

그러나 내가 긍휼을 입은 까닭은 예수 그리스도께서 내게 먼
저 일절 오래 참으심을 보이사 후에 주를 믿어 영생 얻는 자
들에게 본이 되게 하려 하심이니라 _디모데전서 1:16

◆

우리가 사랑함은 그가 먼저 우리를 사랑하셨음이라
_요한일서 4:19

예수 그리스도는 늘 우리보다 '먼저'였다. **우리보다 먼저**

예수전

계셨고, 먼저 고난당하셨고, 먼저 사랑하셨고, 먼저 죽으셨고, 먼저 부활하셨다. 그리하여 부활의 첫 열매가 되심으로 '위대한 먼저'를 완성하셨다.

그분은 또한 우리가 무엇을 하든, 어디로 가든, 우리보다 먼저 행하시고 먼저 가서 기다리신다. 아침에 일어나 눈을 뜰 때마다 주님의 부활을 기억한다면, '주께서 먼저 일어나셨구나' 감사의 고백을 해야 한다. 힘들고 어려운 일을 만날 때, '주께서 먼저 당하셨구나' 인내의 결단을 해야 한다. 예배의 처소에 나왔을 때, '주께서 먼저 와 임재해 계시구나' 은혜의 충만을 경험해야 한다.

◆

가서 그의 제자들과 베드로에게 이르기를 예수께서 너희보다 먼저 갈릴리로 가시나니 전에 너희에게 말씀하신대로 너희가 거기서 뵈오리라 하라 하는지라 _마가복음 16:7.

행동하는 신학자 김진호 목사에게 주께서 먼저 가 계신 갈릴리는 고난의 땅, 오욕의 땅, 민중의 땅이다.

"부활, 그것은 정복자들의 노래가 아니다. 교리화되고 직제화된 잘 짜여진 주류 담론의 개선 행진곡이 아니다. 그것은 정복당한 자들의 다시 일어섬, 정복당한 신의 반란인 것이다."

위르겐 몰트만Jurgen Moltmann은 지적했다.
"이스라엘 사람들에게는 부활이 영원한 생명이나 행복을 의미하는 것이 아니고, 오히려 역사의 마지막에 있을 하나님의 공의에 대한 믿음을 표현하기 위한 신학적 상징이었다. 그것은 영생에 대한 염원이 아니라 공의에 대한 목마름이었다."

그리스도의 부활은 모든 이들을 위한 것이다.
부자의 것이고 가난한 자의 것이다.
건강한 이의 것이고 병든 이의 것이다.
권력자의 것이고 민중의 것이다.
보수의 것이고 진보의 것이다.
믿는 자의 것이고 믿지 않는 자의 것이다.
그의 부활은 모두에게 공평하고 누구에게나 주어진다.

그러나 부활하신 주님은 '먼저' 갈릴리로 가셨다. 고통받는 이들, 가난한 이들, 압제당하는 이들, 빛이 스며들기 어려운 곳으로 먼저 가셨다.

남미 신학자 혼 소브리노Jon Sobrino의 말이다.
"하나님을 보기 위해서는 하나님이 계신 곳으로 가야만 한다."

주님이 먼저 가신 곳에 우리도 먼저 가야 한다.
주님이 먼저 하신 일을 우리도 먼저 해야 한다.

2. 완성된 성만찬

공관복음과 달리 요한복음은 부활 후의 에피소드 소개에 좀 더 적극적이다. 특히 21장은 사도의 권위를 강화하기 위한 필요성에 의해 편집, 추가된 것으로 보는 대다수의 신학자들에게 배격을 받아왔다.

그러나 마냥 감상적이라고 하기엔 좀 더 합리적인 이유로 나는 21장이 좋다. 많은 이들이 좋아하는 '요한의 아들 시몬아 네가 나를 사랑하느냐'보다, 나는 제자들을 위해 밥을 준비

하는 예수님의 모습이 더 좋다. 이는 부활의 본질이 이적이 아니라 겸손한 섬김이라는 것을 몸소 보여주시는 것이다. 마치 유다의 배신 예고로 파투가 나듯 끝나버린 최후의 만찬을 재연하려 하시는 것 같다.

게다가 메뉴를 보라. 떡과 물고기다. 주님은 오병이어와 성만찬을 한자리에서 완성시키고 있다. 신약학자 다드 Charles H. Dodd에 의하면, 실제로 떡과 물고기로 이루어진 식사는 초기 기독교에서 성만찬 개념의 또 다른 표현으로 간주되었다고 한다. 떡과 물고기로 준비된 두 번의 식사가 모두 기록된 것은 오직 요한복음뿐(6:11, 21:13).

나눔과 섬김 그리고 복음의 전파, 이 위대한 지상명령이 예수의 부활과 더불어 비로소 완성되고 있다.

3. 버려진 엔딩

마가복음은 16장 8절 이후에 첨가된 두 가지 버전이 있다. 첫 번째 버전은 '긴 종결부'로 현재 우리고 보고 있는 성경에 수록되어 있는 것이다. 그러나 성경에 채택되지 못한 두 번째 버전의 '짧은 종결부' 역시 인상적이다. 이런 엔딩도 나쁘지 않았을 것 같다.

버려진, 그러나 아름다운 엔딩이다.

여자들은 자기들이 들은 말을
베드로와 함께 있는 자들에게 짤막하게 전하니라.
이 일 후에 예수께서 저희를 통해서 동에서 서까지
거룩한 불멸의 영원한 구원의 말씀을 전하였더라.
아멘.

함께 계심

프랑스의 철학자 폴 리쾨르Paul Ricoeur는 말했다.
"모든 삶은 설화적 모양을 가지고 있고, 인간으로서 우리의
사명은 다시 이야기할 가치가 있는 삶을 사는 것이다."

예수 그리스도의 모든 순간들은 이야기가 되었고, 끊임없이
다시 이야기되고 있다. 다시 이야기할 가치가 있는 삶이라니.
오, 나의 삶도 그러하기를.

예수 그리스도의 이야기를 할 수 있다는 건 얼마나 복된 일인

가. 《예수전》을 쓰기 위해 성경을 읽으며 수많은 인물과 상황에 스스로를 이입하고 투영시켰다.

나는 종종 예수 그리스도가 되고,
요셉이 되고,
바디매오가 되고,
야이로가 되고,
마리아가 되고,
가룟 유다가 되고,
베드로가 되고,
빌라도가 되고,
로마 병정이 되고,
바라바가 되었다.

첫 아들을 낳고 품에 안은 순간, 이 아이는 내 자식이지만 하나님의 것임을 요셉처럼 인정하며 눈물지었고, 아기가 자라 처음으로 "아빠" 하고 부르던 날, 심장이 멎을 뻔했을 땐 최소한 전날이라도 미리 마음의 준비를 하도록 천사 가브리엘을 보내 계시해주지 않으신 것을 원망하기도 했다. 세월호가 바다에 잠기어 갈 때 야이로처럼 속이 타서 발을 동동 구르며 주님의 이름을 부르짖었고, 타락한 사역자와 부패한 정치가들을 볼 때 부글부글 속이 끓어 채찍을 들고 모든 걸 뒤엎어버리고 싶었다.

그러면서도 내 앞을 지나는 가난한 이웃의 얼굴을 한 예수를 무심히 스쳐 보냈고, 굵고 단단한 증오의 돌을 움켜쥐어 죄지은 여인을 겨누었으며, 가룟 유다처럼 호시탐탐 주님의 궤를 탐하였더랬다.

주님은 그렇게 일상 속에서 내 곁에, 내 앞에, 내 뒤에 끊임없이 출몰하신다. 그리고 나는 이제 내 앞의 예수님을 본다.

◆

그는 주 앞에서 자라나기를 연한 순 같고 마른 땅에서 나온 줄기 같아서 고운 모양도 없고 풍채도 없은즉 우리의 보기에 흠모할 만한 아름다운 것이 없도다 그는 멸시를 받아서 사람에게 싫어 버린바 되었으며 간고를 많이 겪었으며 질고를 아는 자라 마치 사람들에게 얼굴을 가리우고 보지 않음

내가 예수 그리스도를 사랑하는 또 하나의 이유. 고난받는
어린양, 예수님에 대한 이사야의 묘사가 흡사 내 외모를 묘사
하는 것 같아 위안이 된다. 이 글을 쓰는 내내 헐리웃 영화의
백인 조각 미남들이 연기한 예수님의 외형이 아니라, 마르고
왜소하고 볼품없는 외모를 가진 평범한 중동 남자를 떠올리
려 애썼다. 가뜩이나 잘나고 멋진 사람들이 넘쳐나는 세상에
주님마저 그러셨다면 우리는 얼마나 소외감을 느꼈을까. 나
역시 그 누구보다 왜소하고 볼품없는 존재지만, 그래서 예수
님을 닮았다고 스스로를 곧추세운다.

나의 주인은 연약하고 풍채도 없고 흠모할 만한
곱고 아름다운 것이 없는 분이었지만,
그래서 더욱 연약하고 추한 존재들을 온몸으로 품으셨다.

개인적으로 '개역한글' 성경이 '개역개정' 되며 사라져버리는 바
람에 속상한 단어가 있다.

예수전

◆

그러므로 우리에게 큰 대제사장이 있으니 승천하신 자 곧 하
나님 아들 예수시라 우리가 믿는 도리를 굳게 잡을찌어다 우
리에게 있는 대제사장은 우리 연약함을 체휼하지 아니하는
자가 아니요 모든 일에 우리와 한결같이 시험을 받은 자로
되 죄는 없으시니라 _히브리서 4:14,15

체휼.

라이프성경사전에 따르면, '체휼하다'는 "함께 아파하고 고통
하다", 즉 "아픔과 슬픔을 공유할 뿐만 아니라 깊은 연민으로
불쌍히 여기다", "상대방의 형편과 처지를 전 인격적으로 이해
하다"라는 뜻이다. 만왕의 왕이시면서도 죄인의 자리에까지
낮아지셔서 인생의 고통을 경험하시고 또 그 절망을 기꺼이
도우셨던 예수님의 성육신(成肉身, Incarnation)이 바로 여기
에 해당한다(개역개정판은 '동정하다'로 번역되었다. 뭔가 허전
한 기분이다).

예수님의 관심은 언제나 '함께'다.

함께 있고, 함께 걷고, 함께 웃고, 함께 울고,
함께 말하고, 함께 일하고, 함께 그리고 또 함께….

그래서 그분의 또 다른 이름은 '임마누엘'이다.

◆

보라 처녀가 잉태하여 아들을 낳을 것이요 그 이름은 임마누
엘이라 하리라 하셨으니 이를 번역한즉 하나님이 우리와 함
께 계시다 함이라 _마태복음 1:23

함께하시는 하나님,
그분이 나와 함께하신다.
나를 만들어가신다.

예술 작품이 만들어지는 과정은 크게 두 가지다.
하나는 더해가는 방식, 또 하나는 덜어내는 방식.

대개 음악과 문학과 그림은 차곡차곡 더해가는 방식으로 완
성되어진다. 악보를 그리면 목소리와 악기가 하나씩 더해지

고 그 위에 화음이 얹힌다. 스케치를 하고 밑그림 위에 색칠을 하고 덧칠을 해나간다.

반면 조각은 깎고 잘라내고 비워내며 만들어져 간다. 나의 주인은 보잘 것 없는 목수셨다. 그래서 그분은 목수의 방식으로 일하신다. 목수가 작품을 만들어가는 과정은 지난하다. 재료를 고르는 것부터 신중해야 하고, 툭툭 쳐내기만 할 때는 도대체 뭘 만들려고 하는 건지 짐작이 가지 않는다.

그러나 우리는 그를 신뢰해야 한다. 목수는 분명한 목표를 가지고 재료를 다룬다는 사실을 말이다. 그러다 어느 순간 서서히 모양을 갖춰가고 우리는 비로소 그의 의도를 이해하기 시작한다. 섬세하게 다듬어 드디어 완성.

내가 음악가로서 전자 악기들보다 나무로 만든 악기들을 좋아하는 것도 아마 그 때문이 아닐까 생각한다. 예수 그리스도에 대한 노래를 만드는 동안, 가능하다면 나무로 만든 악기들을 사용하려고 애썼다. 나무로 만든 것들은 대개 투박하지만 튼튼하다. 세련되지 않았지만 자연스럽고 깊은 울림이 있다. 그분이 만든 작품들은 대개 그런 차별성이 있다. 바로 당신과 나, 말이다.

'목수'에 해당하는 헬라어 '텍톤'은 "돌, 금속, 나무 등을 짜맞추는 사람", 일반적으로는 건축가를 의미한다. 그분은 때론 더하고, 때론 덜어내며, 우리를 만들고 계신다. 우리를 이리저리 쌓고 또 짜맞추어 당신의 거룩하고 아름다운 성전을 지어 가신다.

그리고 그분 최후의, 혹은 최고의 작품은
바로 '험한 십자가'임이 분명하다.
나무로 만든 가장 거친 것에 달리사,
거기서 죽으심으로 그의 일을 완성시켰다.

때문에 내가 가장 사모하는 예배는 다름 아닌, 나사렛의 목수가 '나무로 만든 예배'다. 목수와 목사. 두 단어는 놀랍도록 비슷하다. 영어 'Carpenter'와 'Pastor'는 하늘과 땅만큼 멀다. 그러나 한국어 '목수'와 '목사'가 이다지도 닮아 있는 건, 주인이 내게 주신 최고의 선물이다. 한국인 목사라서 나는 이렇게나 행복하다.

나는 나를 깎고 다듬고 비워내며
내 주인의 일에 동역할 것이다.
나는 목수 같은 목사로 살고 죽기를 원한다.

다시 오심

아이러니하게도 나는 이 후기를 지상 천국과 같은 외국 휴양
지의 호텔 테라스에서 쓰고 있다. 천국이 이곳과 같다면 빨리
가고 싶다고 지인에게 메시지를 보냈을 정도다. 불경하게 느
껴질 수도 있겠지만, 솔직히 나는 평소에도 "아멘 주 예수여
어서 오시옵소서" 간절히 외치는 이들을 잘 이해하지 못했다.
한편으론 존경스럽고 또 한편으론 그들을 의심한다.

이 땅에서의 삶이 지독히 고통스럽기만 하던, 그래서 주님이
오시거나 주님께 가거나 하는 것을 최고의 행복으로 여기던
초대교회의 박해받던 공동체도 아니고, 그렇다고 현재 육체

적, 경제적으로 최악의 상황에 놓인 이들도 아닌, 멀쩡하게 이 편한 세상을 살아가는 이들에게 굳이 주님이 오셔야 하는 그들만의 이유는 무엇일까.

그들의 '마라나타' 신앙은 둘 중 하나다.

주님의 다시 오심을 진심으로 사모하며 기다리거나, 멋모르고 마라나타를 외치면 믿음이 좋아 보인다고 착각하고 있거나. 허나 그 어느 경우라도 엄밀히 말해 주님은 우리 곁을 떠나신 적이 없으므로, 다시 오신다는 말씀은 좀 더 근본적으로 고민해볼 필요가 있다.

그리스도의 '재림'을 의미하는 가장 중요한 헬라어 단어는 '파루시아'다. 이는 "귀환", "도착"이라는 뜻 외에도 "임재", "나타남"의 다양한 의미로 사용된다.

위르겐 몰트만Jurgen Moltmann은 그의 책 《하나님의 오심The Coming of God》에서 이렇게 말했다.
"파루시아를 '재림'이나 '다시 오심'이라 번역하는 것은 잘못이다. 왜냐하면 그것은 시간적 부재를 전제로 하는 말이기 때문이다."

하비 콕스Harvey Cox는 이렇게 부연한다.
"바울은 디모데전서에서 예수의 지상 생애를 지칭하기 위해 '파루시아'라는 말을 쓰고 있다. "우리 주 예수 그리스도 나타나실 때까지 점도 없고 책망받을 것도 없이 이 명령을 지키라"(딤전 6:14). 여기에 나오는 '파루시아'를 흠정역(KJV)에서는 'coming(오심)'이라 번역하지 않고, 'appearing(나타나심)'이라고 번역했다. (표준 새번역과 개역 성경에도 '나타나실 때까지'로 번역됨) 그리고 무엇보다 주님 자신이 분명하게 약속하셨다. "볼찌어다 내가 세상 끝날까지 너희와 항상 함께 있으리라"(마 28:20)."

주님은 보이지 않지만 분명히 우리와 함께하신다.

'함께 하심'과 '다시 오심'은 어쩌면 한 얼굴의 다른 표정과 같다. 예수의 '함께 하심'을 끊임없이 실감하며 사는 이에게 '다시 오심'이란 그리 특별한 것이 아니라 숨 쉬듯 당연한 일상으로 맞이하는 것이다.

언제, 어디서나 함께하시는 주님은
언제, 어디에선가 다시 오실,
아니 다시 나타나 보이실 것이다.

하나님의 나라는 '이미'와 '아직'
그 어딘가에서 지금도 여전히 지어져 가고 있다.
나와 당신의 삶도 마찬가지다.

내 삶의 오랜 목표는 예수님처럼 되는 것이다.
나의 안과 밖이, 나의 생각과 의지가, 나의 말과 행동이,
나의 어제와 오늘이, 또 내일과 영원이,
그분을 따르고 그분을 닮고 그분 같은 존재로 완성되기를.

하이델베르크 신앙고백서의 첫 문답을 고백하는 것으로 글을
맺는다.

질 문 : 무엇이 당신의 유일한 위안입니까?

예수전

대 답 : 나의 몸과 영혼은 살든지 죽든지 내 자신에 속한 것이
아니라 나의 신실하신 구원자 예수 그리스도께 속해 있다는
것입니다.

아멘.

참고문헌

ㄱ 가톨릭성서모임, 《마르코 복음서의 재발견》, 분도출판사, 1980
곽노순, 《예수현상학》, 네쌍스, 1997
게리 윌스, 《예수는 그렇게 말하지 않았다》, 돋을새김, 2007
게리 윌스, 《예수의 네 가지 얼굴》, 돋을새김, 2009
게르하르트 로핑크, 《산상 설교는 누구에게?》, 분도출판사, 1988
게르하르트 로핑크, 《예수는 어떤 공동체를 원했나?》, 분도출판사, 1982
김규항, 《예수전》, 돌베개, 2009
김근수, 《슬픈 예수》, 21세기북스, 2013
김명수, 《역사의 예수와 동양사상》, 통나무, 2012
김세윤, 《그 '사람의 아들'-하나님의 아들》, 엠마오, 1992
김세윤, 《요한신약》, 총신대학교신학대학원, 1999
김세윤, 《예수와 성전》, 총신대학교신학대학원, 1999
김세윤, 《예수와 바울》, 두란노, 2001
김수경, 《예수를 찾아라?》, 두란노, 1993
김용민, 《맨 얼굴의 예수》, 동녘, 2013
김용옥, 《요한복음강해》, 통나무, 2007
김용옥, 《기독교 성서의 이해》, 통나무, 2007
김용옥, 《큐복음서》, 통나무, 2008
김용옥, 《도올의 도마복음 이야기 1》, 통나무, 2008
김진호, 《예수의 독설》, 삼인, 2008

ㄴ 니코스 카잔차키스, 《그리스도 최후의 유혹》, 고려원, 1982

ㄷ 데이비드 림보, 《법정에서 만난 예수》, 선한 청지기, 2015
도날드 거스리, 《그리스도의 생애》, 나단, 1992
도날드 거스리, 《신약신학》, 기독교문서선교회, 1999
도날드 시니어, 《최근 마태신학 동향》, 기독교문서선교회, 1992
디히트리히 본회퍼, 《나를 따르라》, 대한기독교서회, 1965
디히트리히 본회퍼, 《본회퍼 십자가 부활의 명상》, 청우, 2003
다가와 겐조, 《마가복음과 민중해방》, 사계절, 1983

ㄹ 레자 아슬란, 《젤롯》, 와이즈베리, 2013
로돌프 카세르, 마빈 마이어, 그레고르 부르시트, 《예수와 유다의 밀약》, YBM SISA, 2006
로버트 H. 스타인, 《복음서의 난해구절 해석》, 새순 출판사 1991
류호준, 《예수님을 따르는 삶》, 이레서원, 2007

ㅁ 마르쿠스 보그, 존 도미닉 크로산, 《예수의 마지막 일주일》, 중심, 2007
마이클 카드, 《다시, 십자가》, 좋은씨앗, 2003
마이클 카드, 《깨어지기 쉬운 반석》, IVP, 2004
마이클 카드, 《땅에 쓰신 글씨》, IVP, 2003
민호기, 《작은 예배자》, 죠이선교회, 2011
민호기, 《오래된 영원, 찬송가》, 죠이선교회, 2014

ㅂ 바트 D. 에르만, 《예수 왜곡의 역사》, 청림출판, 2010
바트 D. 에르만, 《예수는 결혼하지 않았다》, 안그라픽스, 2005
박총, 《욕쟁이 예수》, 살림, 2010
브루스 J 말리나, 《신약의 세계》, 솔로몬, 1993
빌리발트 보젠, 《예수 시대의 갈릴래아》, 한국신학연구소, 1998
보리슬라프 페키치, 《기적의 시대》, 열린책들, 1965

ㅅ 성종현, 《신약성경연구》, 장로회신학대학교 출판부, 1994
송태근, 《줌인 마가복음》, 성서원, 2015
스캇 맥나이트, 《예수신경》, 새물결플러스, 2015
스피노자의 정신, 《세 명의 사기꾼》, 생각의나무, 2005
심차 자코보비치, 찰스 펠리그리노, 《예수의 무덤》, 예담, 2007

ㅇ 안병무, 《해방자 예수》, 현대사상사, 1989
안병무, 《갈릴래아의 예수》, 한국신학연구소, 1998
안준배, 《예술 그리고 예수》, 예인사랑, 2004
알버트 슈바이처, 《예수의 생애 연구사》, 대한기독교출판사, 1951

앙드레 트로끄메, 《예수와 비폭력 혁명》, 한국신학
연구소, 1986
앨버트 놀런, 《그리스도교 이전의 예수》, 분도출판
사, 1999
에버하르트 베트겐, 《본회퍼의 그리스도론》, 종로
서적, 1978
에르네스토 카르디날, 《민중의 복음》, 종로서적,
1986
에르네스뜨 르낭, 《예수의 생애》, 훈복문화사,
2003
엔도 슈사꾸, 《그리스도의 탄생》, 홍성사, 1984
엔도 슈사꾸, 《사해의 언저리》, 홍성사, 1992
엘톤 츄르블러드, 《그리스도의 유머》, C.L.C, 2006
요아킴 예레미아스, 《비유의 재발견》, 분도출판사,
1991
위르겐 몰트만, 《희망의 신학》, 대한기독교서회,
1973
유진 피터슨, 《메시지 구약 예언서》, 복있는사람,
2013
이영제 《크리스마스》, 살림, 2004
이한수 《신약은 성령을 어떻게 말하는가》, 이레서
원, 2001
ㅈ 장 바니에, 《장 바니에의 시보다 아름다운 예수
전》, 나무생각, 2013
쟈크 엘룰, 《인간 예수》, 엠마오, 1993
정용성, 《복음과 복음서들 (I)》, 대신대학교, 2007
정훈택, 《공관복음 대조》, 총신대학교신학대학원,
1992
제드 메디파인드, 에릭 로케스모, 《화술의 달인 예
수》, 리더북스, 2005
제라르 베시에르, 《예수》, 시공사, 1997
제랄드 메사디에, 《신이 된 남자를 읽기 위해》, 책
세상, 2001
제랄드 메사디에, 《신이 된 남자1》, 책세상, 1988
제랄드 메사디에, 《신이 된 남자2》, 책세상, 1988
존 하워드 요더, 《예수의 정치학》, IVP, 2007
존 스토트, 《변론자 그리스도》, 성서유니온, 1997
주제 사라마구, 《예수의 제2복음1》, 문학수첩, 1998

주제 사라마구, 《예수의 제2복음2》, 문학수첩,
1998
ㅊ 차정식, 《신약의 뒷골목 풍경》, 예책, 2014
ㅌ 톰 라이트, 《마태복음 1》, IVP, 2010
티모시 프릭, 피터 갠디, 《예수는 신화다》, 미지북
스, 2009
팀 스태포드, 《유대인의 옷을 입은 예수》, 스텝스
톤, 2009
ㅍ 팔머 로벗슨, 《계약 신학과 그리스도》, 기독교문서
선교회, 1983
프랭크 루박, 《예수님의 자서전》, 규장, 2013
프란츠 알트, 《산상설교의 정치학》, 보리, 1988
ㅎ 하비 콕스, 《예수 하버드에 오다》, 문예출판사,
2004
한수환, 《예수에로의 인간학》, 이레서원, 2008

참조한 성경주석

WBC, 옥스퍼드 원어성경대전, LAB, 카일 델리취,
IVP, 메튜헨리, 틴데일, BKC 등.

본문 일러스트 작가 코멘터리

정경란 별빛 https://youtu.be/yMXHvj33Lk0
최진실 광야 https://youtu.be/6xyzqi_YY98
전수현 들풀 https://youtu.be/93EStbGueJs
백현주 옥합 https://youtu.be/uBD9ol8cZIg
이혜영 소녀 https://youtu.be/cb2-HGJoqxE
최주은 소년 https://youtu.be/rs_t8Z5aErw
홍비앙 호수 https://youtu.be/yCLRqCnlmvM
장의신 수건 https://youtu.be/eGF9Xd8NbYo
황선아 언덕 https://youtu.be/eGF9Xd8NbYo
홍비앙 아침 https://youtu.be/LjArOMvO5Y8

자료정리 : 민지윰, 민아윰, 박정현

예수전

초판 1쇄 발행	2016년 11월 25일
지은이	민호기
펴낸이	여진구
책임편집	3팀	안수경, 유혜림
편집	1팀	이영주 2팀	최지설 4팀	김아진
디자인	이혜영, 노지현	마영애

기획·홍보 김영하   **해외저작권** 김나은
마케팅 김상순, 강성민, 허병용   **마케팅지원** 최영배
제작 조영석, 정도봉   **경영지원** 김혜경, 김경희

이슬비전도학교 최경식, 전우순   303비전성경암송학교 박정숙, 정나영
303비전장학회 & 303비전꿈나무장학회 어운학

펴낸곳   규장

주소 06770 서울시 서초구 매헌로 16길 20(양재2동) 규장선교센터
전화 02)578-0003   팩스 02)578-7332
이메일 kyujang0691@gmail.com   홈페이지 www.kyujang.com
트위터 twitter.com/_kyujang   페이스북 facebook.com/kyujangbook
등록일 1978.8.14. 제1-22

책값 뒤표지에 있습니다.
ISBN 978-89-6097-478-4 03230

규 | 장 | 수 | 칙

1. 기도로 기획하고 기도로 제작한다.
2. 오직 그리스도의 성품을 사모하는 독자가 원하고 필요로 하는 책만을 출판한다.
3. 한 활자 한 문장에 온 정성을 쏟는다.
4. 성실과 정확을 생명으로 삼고 일한다.
5. 긍정적이며 적극적인 신앙과 신행일치에의 안내자의 사명을 다한다.
6. 충고와 조언을 항상 감사로 경청한다.
7. 지상목표는 문서선교에 있다.